탄수화물과
헤어질결심

나를 붕괴시키는 탄수화물 중독

글쓴이 에베 코지 / 옮긴이 박중환, 신유희

세이버스 출판사

익숙한 식단과의 결별

1977년, 미국의 보건 당국은 저지방 식사 가이드라인을 전격 발표했다. 이를 계기로 동물성 지방의 소비는 대폭 줄어들었으며, 탄수화물 소비는 급격히 늘어났다. 더불어 '지방'fat은 만성 질환을 일으키는 유력한 용의자로 지목되었다. 어떠한 과학적 검증도 없이, 잘못된 편견이 만천하에 공식화되었다.

그 후 50년간 당뇨병, 고혈압, 자가 면역 질환 그리고 치매와 같은 만성 질환이 폭발적으로 증가했다. 당연히 인류의 건강은 과거보다 더 나빠졌다. 현재 미국은 당뇨병 환자가 14%, 당뇨병 전 단계 환자가 38%를 차지하고 있다. 전체 인구 중 절반 이상이 당뇨병의 공습에 초토화되고 있다.

이제 비정상이 정상이 되는 '뉴 노멀'new normal의 세계가 도래해버렸다. 아픈 사람이 건강한 사람보다 더 많아지는 기이한 현상이 펼쳐지고 있다. 이제 인류는 정말 '상식 밖의 시대'를 살고 있다. 문제의 심각성은 대부분의 사람들이 이러한 '비정상의 시대'를 당연한 사회 현상으로 암암리에 받아들이고 있다는 사실이다.

이 책의 저자 에베 코지 박사는 일본 최초로 저탄수화물 식단을 널리 보급한 당뇨병 전문 의사이다. 하지만 그에게는 부끄러운 과거가 있었다. 당뇨병을 치료하는 전문의임에도 불구하고, 본인 스스로 50대 초반에 당뇨병에 걸렸던 것이다. 그는 보건 당국이 권유한 저지방 식사 가이드라인을 누구보다 철저히 지켰다. 하지만 체중과 뱃살은 늘어만 갔고 결국 당뇨병을 피하지 못했다. 당뇨병 전문의 마저도 당뇨병에 걸리게 만드는 보건 당국이 권하는 식단의 정체는 대체 무엇이 문제였을까?

저자의 친형인 에베 요이치로 박사는 일본 최초로 다카오 병원에 당뇨병 환자를 대상으로 저탄수화물 식단을 도입했다. 친형의 식단 치료를 의심의 눈초리로 지켜보던 에베 코지 박사는 중증 당뇨병 환자가 약물 치료 없이 정상으로 회복되는 모습을 보면서 큰 충격을 받았다. 그리고 자신에게 저탄수화물 식단을 적용하기 시작했다. 6개월만에 혈압과 혈당 수치가 모두 정상으로 돌아왔고 당뇨병과 고혈압에서 해방되었다. 놀라운 경험이었다. 그때부터 그는 자신의 환자들에게도 저탄수화물 식단을 도입해서 적극적으로 치료하기 시작했다.

결과는 엄청난 대성공이었다. 이후 그는 일본 각지를 돌면서 저탄수화물 식단에 대해 강의하고 수많은 관련 서적을 출판했다. 현재 일본 저탄수화물 식단의 선구자가 되었고 지금까지도 끊임없이 당뇨병 환자를 완치시키고 있다. 그는 당뇨병 치료의 길을 너무나 명확하게 보여주고 있다.

의학계는 지난 50년을 통렬히 반성해야 한다. 지난 과오를 인정하고, 오직 진실만을 가지고 새롭게 도약해야 한다. 다시 시작해야 한다. 비정상이 정상이 되어버린 황당한 시대. 이제 우리는 파괴적인 '뉴 노멀'new normal의 시대에서 탈출해야 한다.

만성 질환으로 힘들게 살아가고 있는 모든 분들에게 이 책을 적극 추천한다. 건강하게 체중을 감량하고 잃어버린 에너지를 얻고 싶은 사람도 커다란 도움이 될 것이다. 당신은 이 책을 통해서 다이아몬드보다 더 가치 있는 '건강'을 손에 넣을 수 있을 것이다. 익숙한 식단과 결별하고, 만성 질환의 굴레에서 벗어나자! 자유로운 인생을 마음껏 즐겨보자!

〈잠든 당신의 뇌를 깨워라〉 저자, 유튜브 〈닥터 쓰리〉 운영자
황성혁 전문의

현대인들에게 탄수화물의 과다 섭취는 만성 질환을 가져오고 노화를 가속화한다. 즉, 우리의 건강에 전혀 도움이 되지 않는다. 에베 코지 선생님은 이 책을 통해 우리가 건강을 위해 왜 탄수화물 섭취를 줄여야 하는지 알기 쉽게 설명해 주고 있다. 건강에 관심있는 모든 분들에게 이 책을 추천 드린다.

〈기적의 식단〉 저자, 네이버 카페 〈저탄고지 라이프 스타일〉 운영자
이영훈 원장

암, 당뇨병, 고혈압 그리고 고지혈증과 같은 만성 질환이 범람하고 있다. 현대인의 건강을 악화시킨 원인 중 하나가 바로 '잘못된 식사'다. 특히 '과도한 탄수화물 섭취'가 주된 원인이다. 이 책은 단순히 저탄수화물 식단 설명에만 머무르는 것이 아니라 인슐린 저항성에 대해 과학적으로 접근하고 있다. 제목은 '탄수화물과 헤어질 결심'이지만, 내용은 '건강을 만날 결심'이다. 건강을 원하는 모든 이들이 반드시 읽어봐야 할 책이다. 식사만 바꿔도 건강이 바뀌고 인생이 바뀐다.

〈환자 혁명〉 저자, 유튜브 〈닥터조의 건강 이야기〉 운영자
조한경 원장

서문
당뇨병에 걸린 불량 의사의 고백

저는 당뇨병을 치료하는 의사입니다. 현재 일본 교토에 위치한 다카오 병원의 이사장으로 근무하고 있습니다. 올해 나이는 72세입니다. 의대 동창회에 나가면 대부분의 동기들은 당뇨병, 고혈압 그리고 골다공증과 같은 만성 질환으로 힘들어하는 경우가 많습니다. 하지만 저는 아직 시력과 청력 모두 건강합니다. 안경도 쓰지 않으며 보청기도 사용하지 않습니다. 치아도 건강합니다. 충치와 잇몸 질환도 없습니다. 혈당, 혈압 그리고 콜레스테롤 수치도 모두 정상입니다. 복용 중인 약물도 없으며 영양제도 먹지 않습니다. 그렇다고 운동을 많이 하는 편도 아닙니다. 평소에 자주 걸으려 하고 자투리 시간에 틈틈이 하체운동squat을 하고 있습니다.

처음부터 저에 대해 자랑하듯 말씀드렸는데, 오해는 하지 말아 주십시오. 저는 당뇨병을 치료하는 의사임에도 불구하고, 50대 초반에 당뇨병에 걸린 불량 의사였음을 고백합니다. 아버님은 당뇨합병증으로 77세에 다리를 절단했으며 81세에 심장마비로 돌아가셨습니다. 아버지와 같은 고통의 길을 걷고 싶지 않았습니다. 그래서 젊은 시절부터 철저하게 식단을 관리했습니다. 현미, 채소 그리고 생선 위주의 건강한 식단을 지속했습니다. 1년에 한 번은 장기 단식도 했으며 매주 운동도 게을리하지 않았습니다. 의사라는 직업 때문이라도 건강을 위해 많은 노력을 하였습니다.

그런데 40대 중반을 지나면서 몸에 이상 신호가 소리 없이 찾아왔습니다. 보건 당국이 권유하는 건강한 식단을 지속했음에도 체중과 뱃살은 늘어만 갔습니다. 근육이 감소하고 기력이 떨어지는 것을 몸으로 느낄 수 있었습니다. 한마디로 체력이 꺾이기 시작한 것입니다. 다시 강도 높은 운동을 시작했습니다. 매일 피트니스 센터에서 가서 자전거 타기와 근력 운동을 했으며 매주 2회 테니스도 쳤습니다. 무엇보다 식사량을 줄였습니다.

하지만 이러한 노력에도 불구하고 50세 초반에 당뇨병과 고혈압 판정을 받고 말았습니다. 신장 167cm, 몸무게 67kg으로 비만은 아니었지만, 복부 내장 지방이 문제였습니다. 혈액 검사 결과, 혈압은 180-100, 당화 혈색소 6.7이었습니다. 참고로 정상 혈압 기준은 120-80, 당화 혈색소 6.5 이상은 당뇨병 환자로 판정합니다. 전형적인 대사 증후군 환자가 되고 말았습니다. 내 몸의 변화를 위한 특단의 조치가 필요한 상황이었습니다.

당시 다카오 병원을 총괄하는 이사장은 동업자이며 친형인 에베 요이치로江部洋一였습니다. 그는 환자 치료를 위해서 항상 공부하고 실천하는 의사였습니다. 1999년 그는 일본 최초로 다카오 병원에 당뇨병 환자를 대상으로 '저탄수화물 식단'을 도입했습니다. 저를 포함해서 병원 영양사들은 의심 가득한 시선으로 지켜보았습니다. 그 이유는 '저탄수화물 식단'이 당시 보건 당국과 영양학계의 가이드라인과는 완전히 역행하는 식단이었기 때문입니다. 저는 '형이 또 이상한 일을 벌이는구나!'라며 내심 걱정했습니다.

그러던 어느 날 병원에 중증 당뇨병 환자가 입원했습니다. 이 환자는 식후 혈당 수치 560, 당화 혈색소 14.5로 심각한 상황이었습니다. 참고로 공복 혈당 126, 식후 2시간 혈당 200이상은 당뇨병으로 진단합니다. 저는 기존 방법대로 환자에게 현미 채식을 기반으로 저지방 식단을 적용했습니다. 하지만 일주일이 지나도록 식후 혈당 수치는 여전히 400을 넘나들었고 호전의 기미를 보이지 않았습니다. 식단이 효과가 없었던 것입니다. 해결 방법을 찾아야 했습니다. 결국 반신반의하면서 형 에베 요이치로의 저탄수화물 식단을 적용해 보기로 했습니다.

그런데 놀라운 일이 일어났습니다. 중증 당뇨병 환자의 식후 혈당이 단시간에 정상으로 돌아온 것입니다. 인슐린 주사와 혈당 강하제 같은 약물을 사용하지 않았음에도 말입니다. 순간 망치로 두들겨 맞은 것 같은 충격을 받았습니다. 드라마틱한 치료 효과를 직접 확인한 저와 영양사는 병원 차원에서 본격적으로 저탄수화물 식단을 연구하기 시작했습니다.

먼저 나 자신을 임상 대상으로 저탄수화물 식단을 적용했습니다. 육류, 생선, 채소, 두부 등은 자유롭게 허용하고, 밥, 빵, 면과 같은 정제 탄수화물 음식을 철저히 제한했습니다. 하지만 좋아하는 술은 끊지 않았습니다. 대신에 탄수화물이 함유된 맥주, 정종 등의 발효주는 삼가고, 오로지 증류주 소주만 마셨습니다. 그 결과, 6개월 뒤에는 체중을 11kg 감량했고 혈압과 혈당 수치가 거짓말처럼 정상으로 돌아왔습니다. 마침내 대사 증후군의 수렁에서 탈출할 수 있었습니다. 체형은 학창 시절로 돌아갔고, 지금까지 그대로 유지하고 있습니다.

15년 전부터 〈시시콜콜 당뇨병 일기〉라는 블로그를 열어 저탄수화물 식단을 소개하고 당뇨병에 대해 다양한 질문과 답변을 하고 있습니다. 블로그를 통해서 저탄수화물 식단에 대한 관심을 피부로 느낄수 있었습니다. 이 책은 저탄수화물 식단에 대한 수십 년 동안의 임상 경험과 수많은 독자분의 목소리를 종합한 살아있는 기록입니다.

만성 질환이 쓰나미처럼 몰아치고 있습니다. 이 쓰나미의 가장 큰 진앙은 '잘못된 식단'에 있습니다. 인류의 가장 자연스러운 식단, 저탄수화물 식단을 실천한다면 체중을 감량하고 건강을 되찾을 것입니다. 암, 고혈압, 혈관 질환, 당뇨병과 같은 만성 질환을 개선할 수 있습니다. 맛있게 식사를 즐기면서도 원하는 목적을 실현할 수 있습니다. 어떻게 확신할 수 있냐고요? 20년 넘게 직접 실천한 제가 그 '증거'입니다. 하지만 아무리 좋은 치료법이라도 스스로 실천하지 않으면 아무 소용이 없습니다. 탄수화물과 헤어질 결심을 하십시오. 체중을 감량하고 질병이 치료될 것입니다. 더불어 행복한 라이프 스타일도 만드실 수 있습니다.

저자 에베 코지

목차 Contents

8장 무엇을 먹을 것인가

1장

건강,
진화에게 길을 묻다

인류는 농업 혁명을 통해
곡물을 섭취하게 되었습니다.
진화는 너무나 많은 시간이 필요합니다.
인간은
아직 곡물에 적응하지 못했습니다.
당연히 정제 가공식품에
적응했을 리 만무합니다.

세계 최고의 연쇄 살인마

잊을만하면 매스컴의 헤드라인을 장식해서 우리를 공포에 떨게 하는 존재가 있습니다. 바로 '연쇄 살인범'입니다. 흉악한 살인범이 종종 출몰하여 무고한 시민의 생명을 앗아가곤 합니다. 살인은 어떠한 이유로도 정당화될 수 없는 극악한 행위입니다. 그렇다면 현재 전 세계적으로 인간의 생명을 앗아가는 최악의 연쇄 살인마는 누구일까요? 각국의 정부들은 이 연쇄 살인마를 체포하기 위해 밤낮으로 노력하고 있지만 속수무책인 상태입니다. 악명 높은 연쇄 살인마의 이름은 바로 '비만'obesity입니다.

〈세계 보건 기구〉WHO는 앞으로 전체 사망 원인의 70%를 비만이 차지할 예정이며, 비만은 공중 보건 의료비의 60% 이상을 낭비할 것으로 예측하고 있습니다. 그래서 〈미국 공중 위생국〉USPHS은 비만을 '신종 감염병'이라고 정의하고 비만과의 전쟁을 선포했습니다. 전 세계 비만 인구는 1975년 비해 3배를 넘어섰습니다. 성인 20억 명이 과체중이며 6억 5천만 명이 비만입니다. 5~19세의 어린이와 청소년 중 3억 명 이상이 과체중 또는 비만입니다.

비만은 왜 악명 높은 살인마가 되었을까요? 잘 알다시피 비만은 수많은 질병을 일으키는 대부代父입니다. 암, 당뇨병, 혈관 질환, 호흡기 질환과 같은 만성 질환의 발병과 깊이 연루되어 있습니다. 비만 성인은 정상인에 비해 평균 수명이 7~10년이나 단축된다고 합니다. WHO 는 2030년 세계 성인의 절반 이상이 과체중 또는 비만이 될 것이라는 우울한 예측을 내놓았습니다. 비만은 외모에도, 사회생활에도 부정적 영향을 미칩니다.

그렇다면 비만의 원인은 무엇일까요? 우리를 살찌게 하는 것은 무엇일까요? 가장 먼저 떠오르는 비만의 용의자는 정제 탄수화물 가득한 가공식품입니다. 이러한 의심의 눈초리에 식품업계는 이렇게 항변합니다.

"비만은 너무 많이 먹기 때문이다. 운동을 하지 않아서 그렇다!"

"모든 음식의 칼로리는 모두 똑같은 칼로리일 뿐이다!"

이러한 항변은 대형 식품업체들이 시종일관 주장하는 논리입니다. 식품업계에 의하면 비만의 책임은 전적으로 개인에게 있습니다. 소파의 유혹을 극복하지 못한 나태함과 운동하지 못한 게으름이 원인이라고 말합니다. 달콤함의 유혹에 무릎 꿇은 식탐이 문제라고 합니다. 사회적 시선도 크게 다르지 않습니다. 뚱뚱한 사람은 자기관리가 부족한 그리고 무능한 사람으로 대접받기 마련입니다.

정말 비만의 책임은 전적으로 개인에게 있을까요? 정말 그럴까요? 저는 선뜻 고개를 끄덕일 수가 없습니다. 먼저 식품업계의 논리는 오류가 있습니다. 모든 칼로리는 다 같은 칼로리가 아니기 때문입니다. 지방을 태우면 1g당 9Kcal의 에너지를 내지만 모든 지방이 같지 않습니다. 몸에 좋은 지방이 있고, 몸을 파괴하는 나쁜 지방이 있습니다. 단백질도, 탄수화물도 마찬가지입니다. 같은 영양소라도 동일한 결과를 가져오지 않습니다. 그래서 식품업계가 주장하는 '모든 칼로리는 똑같은 칼로리'라는 주장은 화려한 거짓말입니다.

비만이라는 질병은 해를 거듭할수록 자신의 영토를 확장하고 있습니다. 동시에 우리에게 일상적인 비극은 늘어만 가고 있습니다. 전 세계적으로 매년 심장병과 뇌 질환으로 1,520만 명, 암으로 960만 명, 만성 폐 질환으로 300만 명, 당뇨병으로 160만 명이 사망하고 있습니다. 특히 암의 경우, 1900년대 초에는 8,000명 중의 1명이 걸렸으나 지금은 2~3명 중 1명이 평생 한 번은 암에 걸리고 있습니다. 만성 질환의 융단 폭격이라고 해도 과언이 아닙니다. 이 폭격에서 일본도, 한국도 예외가 아닙니다. 만약 이 비극의 원인이 다른 나라에 의해서 발생한다면 모든 나라들은 즉각 전쟁을 선포했을 것입니다.

현대 의학은 만성 질환과의 전쟁에서 승리하기 위해 오랜 시간 전열을 가다듬어 왔습니다. 하지만 현대 의학의 노력을 비웃기라도 하듯 만성 질환은 자신의 세력을 무한 확장하고 있습니다. 슬픈 사실은 우리가 어느새 만성 질환으로 인한 죽음의 행렬에 무감각해지고 있다는 것입니다. 질병으로 인한 비극은 나를 제외한 누군가가 감당해야 할 불운이라고 생각하고 있습니다. 너무나 슬픈 착각입니다. 만성 질환과의 전쟁은 이제 시작이며 우리는 그 전선 앞에 서 있습니다. 이 책을 통해서 만성 질환에서 벗어나기 위한 미궁의 열쇠를 함께 찾아보고자 합니다.

우리는 소외된 자들의 후손이다

지금까지 인류는 에너지 섭취 과잉으로 인한 문제를 만나본 적이 없습니다. 우리 몸은 본능적으로 살찌고 싶어 합니다. 우리 몸은 왜 자꾸 지방을 쌓으려고 할까요? 그 이유는 수백만 년 동안 인류에게 배고픔과 식량 부족은 일상이었기 때문입니다. 먹을 수 있을 때 최대한 많이 먹어서 몸에 지방을 비축해 놨어야 했습니다. 지방 저장은 생존과 직결되는 중요한 행위였습니다.

원시 인류가 타임머신을 타고 현대에 온다고 상상해 보겠습니다. 원시 인류는 가장 먼저 대형 마트에 산더미처럼 쌓인 음식을 보고 입을 다물지 못할 것입니다. 오랜 시간 고생해서 사냥할 필요 없이 식량을 손에 넣을 수 있는 것은 상상도 못했을 테니까요. 거리에 흔하게 볼 수 있는 비만한 사람들을 보고도 이해하지 못할 것입니다. 원시 시대에는 좀처럼 볼 수 없는 낯선 풍경일 테니까요. 우리가 살고 있는 지금의 환경은 완전히 달라졌습니다. 마음만 먹으면 값싼 비용으로 다량의 가공식품을 손에 넣을 수 있습니다. 비만이 사회적 문제로 대두된 것은 100여 년이 채 되지 않았습니다.

우리를 위협하는 비만과 만성 질환의 문제는 뒤엉킨 실타래와 같습니다. 저는 이 실타래의 해법을 인류의 '진화'evolution에서 찾고자 합니다. 인류의 진화 과정을 살펴봄으로써 해법의 실마리를 풀어보려고 합니다. 화두는 '인간은 본래 무엇을 먹는 동물인가'라는 질문입니다. 지금부터 말씀드리는 내용은 진화 인류학자들의 연구에 빚지고 있음을 미리 밝힙니다. 이미 알고 계시는 내용도 많겠지만 찬찬히 읽어 주기를 부탁드립니다.

진화를 이해할 때 주의해야 할 부분이 있습니다. '진화'進化라는 단어를 살펴보면 '나아가다'進는 한자어를 사용하고 있습니다. 일부에서는 진화를 과거보다 '나아지다, 발전하다'로 이해하는 경우가 있지만, 진화는 '진보'進步, progress와 전혀 상관이 없습니다. 일정한 방향성이 있는 것이 아닙니다. 진화의 진정한 의미는 '적응'adaptation으로 이해해야 합니다. 인류가 생존과 번식을 위해 외부 환경에 순응하는 과정이 바로 진화인 것입니다. 이 점은 꼭 기억해주시기 바랍니다.

진화학자들은 인류의 시작을 대략 400만 년 전후로 추측하고 있습니다. 최초의 조상은 '오스트랄로피테쿠스'Australopithecus입니다. 이 유인원이 혁명적 의미를 갖는 것은 최초로 '직립 보행'直立步行을 시작했기 때문입니다. 직립 보행은 두 발로 걸었다는 의미에서 '이족 보행'二足步行이라고도 합니다. 직립 보행은 인류 진화에 있어서 혁명적 변곡점으로 평가받고 있습니다. 그 이유는 무엇일까요? 똑바로 서는 행위가 왜 그렇게 중요할까요? 그것은 직립 보행이 진화를 추동하는 강렬한 불꽃이기 때문입니다. 인류는 직립 보행을 통해 비로소 지구의 유일무이한 지배자가 될 수 있었습니다.

문득 이런 질문이 떠오릅니다. 초기 인류는 왜 직립 보행을 하게 되었을까요? 초기 인류의 주된 생활 공간은 열대 우림의 우거진 나무를 선호했습니다. 열매와 같은 식량을 구하기도 쉽고 맹수의 공격으로부터 안전했기 때문입니다. 간혹 지상에 내려와서 이동할 경우에는 침팬지와 고릴라와 같이 '너클 보행'knuckle walking을 하였습니다. 너클 보행은 주먹 쥔 손을 바닥에 받치며 배에 체중을 싣고 이동하는 형태를 말합니다. 일명 '두 팔 끌기 보행'이라고 합니다. 직립 보행의 치명적 약점은 너클 보행에 비해 4배 이상 속도가 느리다는 것입니다. 속도가 느려지는 것은 상위 포식자들의 먹잇감이 될 가능성이 높아집니다. 이는 야생의 삶에서 곧 '죽음'을 의미합니다.

초기 인류가 이러한 위험에도 불구하고 직립 보행을 선택한 이유는 무엇이었을까요? 그것은 '자발적 선택'이기보다는 '부득이한 적응'이었을 것으로 추측됩니다. 초기 인류에게 이러한 혁명적 변화를 요구한 것은 외부 환경, 즉 '기후 변화'였습니다. 400~1,000만 년쯤, 지구는 급격한 지각 변동이 일어납니다. 지구의 온도는 여러 요인에 의해 서서히 내려갔으며 전 지구적으로 한랭화와 사막화가 진행됩니다. 온도는 생태계에 결정적 영향을 미칩니다. 대부분의 지역이 열대 우림이었던 아프리카 지역에 나무가 듬성듬성 있는 '소림'小林과 '초원'草原이 출현하게 됩니다.

식량이 풍부했던 열대 우림은 힘센 유인원들이 장악했으며, 힘없는 유인원들은 소림과 초원으로 밀려날 수밖에 없었습니다. 저소득층이 높은 부동산 가격으로 도심에서 변두리로 밀려나는 것과 비슷한 상황입니다. 어쩌면 인류의 조상은 강력한 유인원이 아니라 '소외된 유인원'이었을 가능성이 높습니다. 불운의 주인공들에게 소림과 초원은 밀림과는 완전히 다른 삶의 형태를 요구했습니다.

왜냐하면 소림과 초원은 나무들이 듬성듬성 있기에 다른 나무로 공중 이동이 어려워졌기 때문입니다. 유인원들은 어쩔 수 없이 땅으로 내려와서 다른 나무로 이동할 수밖에 없었습니다. 나무의 열매는 항상 부족했으며 식량을 구하기 위해 멀리 떨어진 곳으로 이동해야 했습니다. 식량의 부족, 즉 '결핍'은 힘없는 유인원들에게 새로운 선택을 요구했습니다. 인류는 '숲의 동물'에서 '초원의 동물'로 모험을 시작했습니다.

우리의 조상들은 생존을 위해 직립 보행을 선택할 수밖에 없었으며, 하루하루가 목숨을 건 시간이었을 것으로 추측됩니다. 먼 곳까지 가서 식량을 갖고 집으로 돌아와야 했기 때문에 자연스럽게 '손'을 활발하게 사용하게 됩니다. 자유로운 손은 뇌의 발달과 도구의 활용에 커다란 영향을 미쳤습니다. 직립 보행은 너클 보행에 비해 장점이 있습니다. 단기간 속도는 떨어졌지만, 장기간 이동에서 효율적이었습니다. 또한 직립 보행을 통해 포식자들의 움직임을 더 빨리 관찰할 수 있었습니다. 드디어 인류는 생존을 위해 직립 보행이라는 위대한 여정을 본격적으로 시작합니다.

모든 종種의 최대 관심은 '먹는 것'

모든 종種의 생존에서 '무엇을 먹을 것인가'라는 질문은 너무나 커다란 의미를 지닙니다. 시대와 지역이 같은 경우 비슷한 종種간에 먹이에 대한 경쟁은 매우 치열합니다. 〈엄지는 왜 굵은가〉의 저자 동물학자 시마 타이조 박사는 외부 세계와 단절된 마다가스카르 섬에 사는 여러 종의 원숭이를 대상으로 생태와 먹이를 조사하였습니다. 시마 박사는 각 원숭이 종마다 먹이를 섭취하기에 적합하도록 손가락이 발달했다는 사실을 밝혀냈습니다. 마다가스카르 섬에 사는 다종다양한 원숭이들은 각기 다른 고유의 먹이가 있으며 그것을 통해 서로 공존해 왔다는 것을 증명했습니다.

예를 들어, 아이아이aye-aye원숭이의 주된 먹이는 껍질이 단단하고 크기가 3cm 정도인 '라미'라고 불리는 거대한 씨앗입니다. 아이아이 원숭이는 굵은 엄지로 껍질을 단단히 고정하고 이빨을 사용해 구멍을 냅니다. 그런 후에 아주 가늘고 긴 중지를 찔러 넣어 속을 파먹습니다. 나무 속 벌레를 잡아먹을 때도 같은 방법을 활용합니다.

고릴라와 침팬지는 너클 보행을 합니다. 그들은 왜 엉성해 보이는 너클 보행을 할까요? 고릴라와 침팬지는 덩굴로 뒤덮인 밀림의 나무 끝에 달린 열매를 주식으로 삼습니다. 너클 보행을 하는 이유는 이 덩굴을 잡고 열매를 옮기면서 식사하기 위함입니다. 그 때문에 엄지를 비롯한 나머지 손가락은 덩굴을 움켜쥔 채 이동하기에 적합한 구조를 하고 있습니다. 재미있는 것은 침팬지들은 다른 원숭이들처럼 손바닥으로 땅을 짚지 않는다는 사실입니다. 시마 박사는 다음과 같은 가설을 설명했습니다.

"사자 같은 육식 동물은 대형 초식 동물을 쓰러뜨려 내장과 고기를 먹었다. 시간이 흐른 후 죽은 동물의 고기를 찾아다니는 하이에나가 등장했다. 마지막 순서가 바로 원시 인류였다. 우리의 조상들은 하이에나가 사라지기를 기다렸다가 마지막에 남은 뼈와 골수를 차지했다. 원시 인류는 연약한 존재였다. 인류는 어렵게 구한 먹이를 빼앗기지 않기 위해 뼈와 골수를 안전한 장소로 옮겨야 했다. 여기서 초기 인류의 위대한 선택이 시작되었다. 바로 '이족 보행'이다. 초기 인류는 이족보행을 통해 먹이를 안전한 곳으로 옮긴 후, 돌을 사용해 골수를 먹었다. 생존을 위한 필요가 초기 유인원의 진화를 촉발했다."

시마 박사의 가설에 대해 어떻게 생각하시나요? 진화 생물학의 연구는 시마 박사의 가설을 증명하고 있습니다. 아프리카 동해안에 거주한 인류의 유적 대부분에서 대형 육식 동물의 이빨 모양이 새겨진 초식 동물의 부서진 뼈가 대량으로 출토되었습니다. 당신의 엄지를 한번 살펴보십시오. 인류의 엄지는 원숭이들과는 다르게 매우 특수한 모양을 하고 있습니다. 인류의 엄지는 돌과 같은 물체를 움켜쥐기에 매우 적합한 기능을 하고 있습니다.

초기 인류에게 죽은 동물의 뼈와 골수는 다른 맹수들과 경쟁하지 않고 확보할 수 있는 훌륭한 동물성 음식이었습니다. 골수에는 인체에 꼭 필요한 불포화 지방산, 즉 오메가3DHA, EPA가 풍부하게 들어 있습니다. 또한 단백질·지방·칼슘·철분도 풍부합니다. 오늘날 당신이 먹는 설렁탕과 같은 사골국은 영양이 풍부한 식품입니다. 후지야마 식품연구소에 따르면 소 뼈 100g당 단백질 19.7%, 지방 18.1%, 칼슘 7,800mg, 철 8.6mg이 들어 있습니다. 돼지 뼈와 닭 뼈 또한 영양 균형이 매우 뛰어납니다. 동물의 뼈는 인류의 우수한 보양식이라고 할 수 있습니다. 인류의 뇌가 발달하기 위해서는 동물성 식품에만 포함된 불포화 지방산DHA, EPA 섭취가 매우 중요합니다. 뇌의 성장을 위해서라도 동물의 사냥은 그 중요성이 커졌을 것입니다.

불과 육식, 비로소 인간을 만들다

원시 인류는 직립 보행과 더불어 제2의 변곡점을 맞이합니다. 바로 '불'火의 발견입니다. 원시 인류에게 불의 만남은 천군만마와 같은 존재였습니다. 불의 발견이 혁명적인 것은 음식물 소화에 엄청난 영향을 미쳤기 때문입니다. 바로 '화식'火食입니다. 침팬지는 과일, 잎, 견과류, 곤충을 먹고 사는 채식 위주의 잡식 동물입니다. 간혹 작은 원숭이를 사냥해서 육식을 즐기기도 합니다. 채식은 에너지 효율이 낮기 때문에 하루 종일 많은 양의 야생 식물을 먹어야 필요한 에너지를 얻을 수 있습니다. 침팬지는 하루에 6시간 이상 음식물을 씹는 데 소비합니다. 여기서 먹이를 구하는 시간은 제외입니다. 초기 인류도 다르지 않았을 것입니다.

하지만 인간은 '화식'을 통해 다른 유인원과는 다른 차원에 들어서게 됩니다. 첫째, 음식의 소화 흡수율이 엄청나게 증가합니다. 생식은 소화 흡수율이 낮습니다. 화식은 음식의 에너지 밀도를 높였습니다. 이는 뇌의 성장과 발달에 지대한 영향을 미쳤습니다. 둘째, 높은 소화 흡수율은 하루 종일 먹는 행위에서 인류를 벗어나게 해주었습니다. 먹는 시간의 단축으로 잉여 시간을 획득합니다. 셋째, 화식은 소화에 낭비되는 에너지를 줄이면서 내장의 크기도 줄어들게 했습니다. 침팬지는 막대한 양의 식물성 음식을 소화하기 위해 장의 길이가 깁니다. 그래서 인간보다 배가 매우 큽니다. 침팬지와 고릴라와 같은 동물이 배가 튀어나온 것은 비만이 아니라 내장의 길이가 길기 때문입니다. 인류는 내장 크기의 감소로 직립 보행을 더욱 수월하게 할 수 있게 되었습니다.

결국 인류는 화식을 통해 에너지 효율을 극대화할 수 있는 '특별한 동물'이 된 것입니다. 인류는 불을 통해서 '시간'과 '지능'을 얻었으며 진화의 자동차는 6기통 터보 엔진을 장착하게 되었습니다. 화식을 통해 뇌의 용량은 점점 커졌으며 더욱 똑똑해졌습니다. 뇌는 몸의 2%에 불과하지만, 전체 에너지의 20~25%를 소비하는 엄청난 에너지 소비 기관입니다. 이제 인류는 뇌가 필요로 하는 폭발적인 에너지를 충족시키기 위해 높은 열량이 필요하게 됩니다. 인류는 소량의 동물성 음식을 섭취하고 있었지만, 몸이 필요로 하는 에너지에는 충분치 않았습니다.

음식의 진화, 즉 '육식의 필요성'이 본격적으로 대두됩니다. '사냥의 시대'가 도래한 것입니다. 이 시기는 대략 150~200만 년 전후로 추측됩니다. 예를 들어 현생 인류의 사촌 격인 호모 에렉투스는 동물들을 어떻게 사냥했을까요? 어떤 무기를 사용했을까요? 활과 화살? 아니면 창? 모두 아닙니다. 창을 활용한 것은 50만 년 전이며 활과 화살이 발명된 것은 10만 년 전입니다.

안타깝게도 원시 인류에게 특별한 무기는 없었습니다. 유일한 짱돌을도완이 전부였습니다. 그렇다면 인류는 짱돌을 던져서 동물을 사냥했을까요? 야생 동물을 그렇게 만만하게 보지 마십시오. 인류는 의외의 필살기가 있었습니다. 바로 '달리기'입니다. 직립 보행은 침팬지들의 너클 보행에 비해 속도는 4배 느리지만, 에너지 효율은 무려 4배가 효율적입니다. 이족 보행은 '달리기'에 최적화된 형태입니다. 단, 인류의 경쟁력은 '빨리' 달리기가 아니라 '오래' 달리기였습니다. 초기 인류는 '오래' 달리기를 통해서 사냥감이 지칠 때까지 장시간 추격했습니다. 지금도 원시 독립 부족들에게 '오래' 달리기는 고대 사냥법의 형태로 사용되고 있습니다. 일명 '끈질긴 사냥'persistence hunting이라고 부릅니다.

인류가 '오래' 달리기를 할 수 있는 이유는 '체온 조절 능력' 때문입니다. 인간은 포유류 중에서 유일하게 체온을 조절할 수 있는 동물입니다. 땀의 배출을 통해서 상승하는 체온을 낮출 수 있습니다. 땀의 배출을 원활하게 하기 위해 온 몸을 뒤덮었던 털이 가늘어지게 된 것입니다. 벌거벗은 동물이 된 것이죠. 반면에 일반적인 포유류는 땀을 배출하는 땀샘이 제대로 발달하지 못했습니다. 그래서 오랜 시간 계속해서 움직이면 체온이 급상승해서 결국 탈진해서 쓰러지고 맙니다. 원시 인류는 생존을 향한 '집념의 사냥꾼'이었던 셈입니다. 우리의 DNA에는 지금도 추격자의 달리는 본능이 숨겨져 있습니다.

하지만 사냥은 위험하고 불확실하며 힘든 노동이었습니다. 하루에 평균 15~30km를 달린다는 것은 매일 철인 경기를 하는 것과 다르지 않았습니다. 자연스럽게 힘든 사냥은 남성이, 채집은 여성이 맡았습니다. 최초의 노동 분업이 시작된 것입니다. 인류는 노동 분업에서 멈추지 않고 한 걸음 더 나아갑니다. 사냥은 서로의 협력을 요구했고 고도의 전략을 요구했습니다. 이 협력 관계는 사냥의 결과물에 대한 '식량 공유'food sharing로 이어집니다. 최초의 사회적 협력 관계의 탄생이라고 할 수 있습니다.

육식은 인류 진화에 결정적 역할을 했습니다. 육식이 유인원을 '인간'으로 만든 것입니다. 그리고 20만 년 전 아프리카 남부에 문제의 종

種이 출현합니다. 바로 '호모 사피엔스'homo sapiens입니다. '현생 인류'
입니다. 타임머신을 타고 호모 사피엔스의 아이를 현시대로 데려와서
기른다면 스마트폰을 능수능란하게 다룰 것입니다. 호모 사피엔스는
지금의 인류와 생물학적 차이가 전혀 없습니다. 이제 호모 사피엔스는
'지구 최고의 포식자'로 등장하게 됩니다.

농업 혁명, 빈곤한 식탁을 선물하다

　1만 년 전, 지구는 마지막 빙하기가 끝나갑니다. 지구의 기온은 안
정화되었으며 온난한 기후가 계속됩니다. '홀로세'Holocene가 펼쳐집
니다. 지금 우리가 살고 있는 시대를 홀로세라고 합니다. 안정적인 기
후는 자연스럽게 인류의 출산을 늘렸습니다. 출산의 증가는 인류에게
커다란 과제를 던져줍니다. 초원을 질주하며 자유로운 영혼으로 살던
인류는 가족 부양의 무거운 책임을 짊어지게 됩니다.
　다행히 우리의 천재적인 조상호모 사피엔스은 해결 방법을 찾아냅니
다. 바로 곡물을 재배하고 가축을 길들이기 시작합니다. 인류학자들
은 이 시기를 '농업 혁명'Agricultural Revolution이라고 명명했습니다. 인

류는 새로운 시대, 즉 '신석기 혁명'Neolithic Revolution을 맞이하게 됩니다. 이제 인류는 과거와 완전히 다른 '음식'을 만나게 됩니다. 바로 '곡물'grain입니다. 곡물의 시대가 열린 것입니다. 인류학자들은 농업 혁명을 인류의 새로운 도약으로 평가합니다. 유목하던 수렵 · 채집인을 드디어 정착하는 농부로 만들었기 때문입니다. 인류는 농업을 시작으로 새로운 문명을 창조하게 되었습니다.

그렇다면 인류는 농업 혁명을 통해 과거보다 더 건강해졌을까요? 인류학자와 고고학자들은 다른 의견을 제시하고 있습니다. 에모리 대학교 인류학과 '아만다 머머트'Amanda Mummert 교수는 〈농업 전환기의 위상과 견고성: 생물 고고학 기록의 증거〉Stature and robusticity during the agricultural transition: evidence from the bioarchaeological record라는 논문에서 중요한 질문을 던졌습니다. 아만다 교수에 의하면 인류는 농업 혁명 이후 대부분의 건강 지표에서 쇠퇴했음을 밝혔습니다. 대표적인 신체적 퇴화는 바로 '키'가 줄어들었습니다.

수천 년 동안 쌀농사를 지어온 아시아 농부들은 키가 8cm 줄어들었고, 중앙아메리카 농부들은 남자는 5.5cm, 여자는 8cm 작아졌습니다. 학자마다 신체 감소의 크기는 다르지만, 학자들의 공통적인 의견은 구석기에서 신석기로 이행한 후 신체 퇴화가 뚜렷하다는 것입니다. 더구나 신석기인들의 치아 상태를 연구한 결과, 전염병과 굶주림으로 인한 흔적들을 흔하게 발견할 수 있습니다.

그렇다면 이러한 진화의 역설은 왜 벌어졌을까요? 농업 혁명 이전

구석기 인류는 수많은 야생 동물과 야생 식물을 통해서 풍부한 필수 영양소를 섭취하였습니다. 반면, 농업 혁명 이후 신석기 인류는 단일 작물에 의존하게 되었습니다. 당연히 몸이 원하는 필수 영양소가 부족했습니다. 인류의 식단에서 곡물이 50% 이상을 차지하면서 다양한 질병이 발생했습니다. 대표적인 질병이 '충치'입니다. 농업 이전 구석기 시대의 화석에서는 충치가 거의 발견되지 않았습니다. 신석기 이후 인류의 화석에서 충치의 흔적이 발견되고 있습니다.

그렇다면 신석기 인류에게 왜 충치가 발생했을까요? 우리는 곡물, 즉 탄수화물을 먹고 나면 입안에서 세균이 증식합니다. 이때 세균은 당탄수화물을 통해 생존하며 먹고 난 뒤에 쓰레기처럼 산酸을 분비합니다. 이 산이 치아의 표면을 녹이며 충치를 발생시키는 것입니다. 현대에서 와서 충치는 대수롭지 않은 질병일 수 있지만, 원시 인류에게 충치는 치명적인 질병이었습니다. 충치로 인한 고통은 상상을 초월합니다. 고대에 충치를 치료하는 것은 쉽지 않았습니다. 인류에게 치아의 손실은 즉각적으로 생존의 문제로 이어지는 중차대한 문제였습니다. 인류는 농업 혁명을 통해서 다양한 야생 동물과 식물을 잃어버리고 단일한 곡물 중심의 음식을 선택한 것입니다. 결국 인류는 농업 혁명을 통해 빈곤한 식탁을 물려 받게 된 것입니다.

인류, 지상 낙원에서 추방되다

전 세계에서 가장 많이 읽힌 책은 단연 '성경'입니다. 종교적 관점을 떠나서 성경은 풍부한 비유와 수많은 통찰이 담긴 멋진 책입니다. 잠시 성경의 창세기를 살펴보도록 하겠습니다. 종교적 의미가 아닌 비유적 의미에서 말입니다. 창세기의 '아담과 이브' 신화는 정말 다양한 의미를 함축하고 있습니다. 또한 농업 혁명을 어떻게 해석해야 할 지에 대해서도 많은 통찰을 주고 있습니다. 창세기에는 다음과 문구가 있습니다.

"자식을 낳고 번성하여 온 땅에 퍼져서 땅을 정복하여라. 바다의 고기와 공중의 새와 땅 위를 돌아다니는 모든 짐승을 부려라! 이제 내가 너희에게 온 땅 위에서 풀과 씨가 든 과일 나무를 준다. 너희는 이것을 양식으로 삼아라." (창세기 1장 28~29절)

성경에 의하면, 신神은 인류에게 지상낙원을 선물했습니다. 하지만 인간은 선악과를 따먹고 창조주의 계율을 어기는 죄罪를 짓게 됩니다. 이에 대해 신神은 징벌을 내리면서 최초의 인간 아담에게 이렇게 말씀하셨습니다.

"너는 아내의 말에 넘어가 따 먹지 말라고 내가 일찍이 일러둔 나무 열매를 따 먹었으니, 땅 또한 너 때문에 저주를 받으리라. 너는 죽도록 고생해야 먹고 살리라." (창세기 3장 17절)

창세기 일화의 핵심은 인류가 지상 낙원에서 추방되는 이야기입니다. 학자들은 이 이야기를 '실낙원'失樂園, 즉 '낙원에서 추방되는 일화'로 해석합니다. 실락원 이야기는 깊게 생각해볼 필요가 있습니다. 성경은 농업 노동을 신의 저주이자 징벌로 표현하고 있습니다. 거침없이 들판을 활보하던 자유로운 영혼의 소유자였던 인류는 농업 혁명을 통해서 속박된 존재로 전락하고 맙니다.

그래서 인류학자 '재레드 다이몬드'Jared, M. Diamond는 농업 혁명을 '인류 역사상 최악의 실수'로 표현하기도 했습니다. 그는 아프리카 원시 부족인 '하드자'Hadza족을 예로 들었습니다. 하드자족은 식량을 얻기 위해 하루에 단지 5~6시간 정도의 노동을 합니다. 나머지 시간은 여가를 즐겼습니다. 자유로운 생활방식은 현생 원시 독립 부족의 공통점 중의 하나입니다. 오랜 시간 일하지 않지만 원시 독립 부족들은 영양 측면에서 하루 2,000칼로리 이상 섭취하며 75가지 이상의 영양가 높은 야생 동식물들을 섭취하고 있습니다.

이렇게 말하는 분들도 있을 것입니다. '원시 인류의 수명은 너무 짧지 않았나?' 이 질문은 반은 맞고, 반은 틀립니다. 원시 인류의 평균 수명은 분명 짧았습니다. 하지만 영아와 유아의 사망률을 제외하면 원시 인류의 평균 수명은 70세가 넘었습니다. 원시 인류의 수명이 짧았던 이유는 영아와 유아의 사망률이 50%에 가까웠기 때문입니다. 이 사망률을 제외하면 지금과 비교했을 때 수명의 차이는 크지 않습니다.

물론 원시 인류는 지금과 명백한 차이가 있습니다. 원시 인류는 죽는 순간까지 만성 질환과 같은 질병에 시달리지 않았다는 사실입니다.

정리해 보겠습니다. 인류는 농업 혁명을 통해 식단의 질質을 포기하고 양量을 선택하게 되었습니다. 농업 혁명은 건강한 인류와는 상관이 없습니다. 아니, 그 정반대입니다. 농업 혁명에 대한 재평가가 필요한 시점입니다.

우리의 DNA는 곡물에 익숙하지 않다

인류는 농업을 통해 '곡물의 시대'로 접어들게 됩니다. 곡물은 저장과 이동이 용이했으며 더 많은 단순 에너지를 공급할 수 있었습니다. 곡물의 공급은 더 많은 출산을 가능케 했으며 이 시기부터 인구 증가가 속도를 냅니다. 출산이 중요한 이유는 농업시대에서 노동력은 중요한 생산수단이며 부富의 척도였기 때문입니다. 인류는 더 많은 출산을 통해 더 많은 농작물을 생산할 수 있었지만, 더 늘어난 인구를 먹여 살리기 위해 더 많은 곡물을 필요로 하는 굴레에 빠지게 됩니다.

농업 혁명 이전, 원시 인류는 다양한 야생 동식물을 통해서 몸이 요구하는 영양소를 충분히 충족했습니다. 하지만 곡물의 시대에는 단일한 영양소, 즉 탄수화물에 일방적으로 치우치게 됩니다. 이제 인류는 지방과 단백질 식단에서 탄수화물 식단으로 돌아올 수 없는 강을 건너고 맙니다. 탄수화물은 허기를 달래고 에너지를 얻을 수 있습니다. 하지만 인간이 필요로 하는 다양한 필수 영양소는 절대적으로 부족합니다. 영양이 풍부한 식단에서 영양이 부족한 식단으로 바뀐 것입니다.

인류가 탄수화물 식단을 한 지 1만 년이 되었습니다. 그렇다면 현생 인류는 이제 탄수화물 식단에 충분히 적응했을까요? 아니면 아직 지방과 단백질 중심 식단이 적합할까요? 이 부분은 매우 중요합니다. 저는 그 해답의 실마리를 '유전자'DNA에서 찾아보려고 합니다. 우리의 행동, 생리, 대사를 결정하는 것은 '유전자'입니다. 인간의 유전자는 생존과 번식을 위해서 끊임없이 적응하고 변화해 왔습니다.

우리의 유전자가 가장 오랜 시간 익숙한 생활은 무엇일까요? 바로 '수렵과 채집'입니다. 결코 농업이 아닙니다. 거듭 말하지만, 농업이 시작된 것은 1만 년 전입니다. 인류의 진화 과정을 살펴보면 '수렵과 채집 : 농업 = 399만 : 1만'으로 곡물을 주식으로 먹은 기간은 너무나도 짧습니다. 인류의 유전자는 장구한 세월 동안 저탄수화물 식단에 익숙해 있습니다. 저탄수화물 식단은 인체의 생리·영양·대사 시스템에 최적화된 식사라고 할 수 있습니다.

그런데 현재 우리의 식단은 총칼로리의 60~70% 이상을 곡물에 의존하고 있습니다. 이러한 탄수화물 중심 식사는 우리 몸에 문제를 발생시킬 수밖에 없습니다. 인간은 아직 곡물에 의존하는 유전자 시스템을 아직 갖추지 못했기 때문입니다. 영국에서 발간된 〈인간 영양학〉Human Nutrition이라는 책에는 다음과 같은 대목이 나옵니다.

"현대인의 식생활은 녹말과 같은 음식을 통해 '포도당'을 대량으로 섭취하고 있다. 이와 같은 식단은 혈당 및 인슐린 수치를 정기적으로 상승하게 만든다. 이는 암, 당뇨병, 혈관 질환 그리고 노화를 유발한다. 농업 혁명 이후 인간은 곡물 위주의 음식을 섭취하게 되었다. 진화는 너무도 많은 시간을 필요로 한다. 갑작스러운 주식의 변화에 인간의 소화기관은 아직 적응하지 못했다. 더구나 고도로 정제된 가공식품에 적응했을 리 만무하다. 인간은 아직 곡물 위주의 음식에 익숙하지 않다."

〈인간 영양학〉의 통찰에 전적으로 동의합니다. 인간 영양학에서는 '곡물의 과잉 섭취, 특히 정제 탄수화물로 인한 혈당 및 인슐린 수치의 상승'이 건강을 해치고 있음을 강조합니다. 혈당을 높이는 것은 탄수화물이 유일하며 지방은 혈당을 높이는 데 거의 관여하지 않습니다. 뇌는 에너지원으로 포도당과 지방을 함께 이용합니다.

이러한 영양학적 지식을 많은 의사와 영양사가 간과하고 있는 것이 안타깝습니다. 너무나 큰 문제가 아닐 수 없습니다. 의과 대학의 교육 과정에도 영양학은 미미하게 다뤄지고 있을 뿐입니다. 당연히 현대 의학은 영양학에 대한 깊은 이해가 부족합니다. 앞으로 의료와 영양 관계자들은 인간의 생명 활동과 음식의 깊은 상관관계를 연구하고 습득해야 합니다. 그것이 진정 건강을 지키는 소중한 첫걸음이기 때문입니다. 진정한 영양학이 필요한 시기입니다.

당뇨병과 결별한 사람들

제가 근무하는 다카오 병원은 당뇨병 환자를 전문으로 치료하고 있습니다. 지금부터 보실 연구는 실제 임상 치료 사례입니다. 저는 당뇨병 환자들의 동의를 얻어서 기존의 당뇨병 치료식저지방과 저탄수화물 식단을 비교 연구하였습니다. 각 식단을 실행한 후 혈당과 인슐린 수치를 비교했습니다. 두 식단은 한 끼에 동일하게 350kcal를 섭취했습니다. 저지방 식단은 탄수화물 60%, 지방 20%, 단백질 20%이며, 저탄수화물 식단은 탄수화물 10%, 단백질 30%, 지방 60%입니다. 다음에 나오는 그래프를 함께 살펴보도록 하겠습니다.

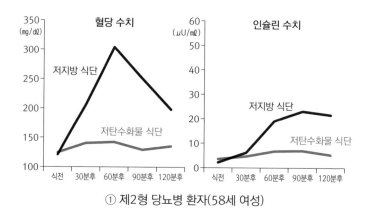

① 제2형 당뇨병 환자(58세 여성)

①번 그래프는 제2형 당뇨병 여성(58세)의 검사 데이터입니다. 53

세에 처음 당뇨병이 발병하여 5년이 지난 상태입니다. 아직 복용하는 약물은 없습니다. 그래프를 보면 저지방 식단은 공복 혈당과 식후 혈당 차이가 매우 크며 식후 혈당 수치가 급격히 상승하는 것을 알 수 있습니다. 공복 혈당 121에서 식사 60분 이후에는 혈당이 304까지 급속히 상승했습니다. 식전 혈당과 식후 혈당의 격차가 높을수록 위험합니다. 한편 저탄수화물 식단의 경우는 공복 혈당 124에서 식사 60분 이후에는 혈당 수치가 142입니다. 혈당의 상승 폭이 매우 작았으며 추가 인슐린 분비도 아주 소량이었습니다.

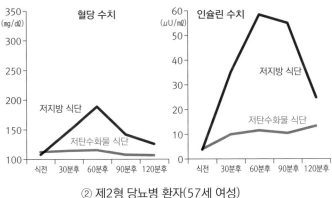

② 제2형 당뇨병 환자(57세 여성)

②번 그래프를 살펴보겠습니다. 제2형 당뇨병 환자인 여성(57세)의 데이터입니다. 55세에 당뇨병 판정을 받고 2년 후 제가 근무하는 병원을 찾아왔습니다. 이 환자는 즉시 저탄수화물 식단을 실천했습니다. 1년 후, 다시 검사하자 췌장 세포가 상당히 회복되었으며 혈당이 정상으로 회복되었습니다. 저지방 식단을 적용했을 때 인슐린 수치가 최저

3.8에서 최고 58.5까지 엄청난 인슐린이 분비되었습니다. 15배가 넘는 인슐린이 추가로 분비된 것입니다. 높은 인슐린 수치는 모든 질병의 뇌관으로 작용합니다. 저탄수화물 식단의 경우에는 처음보다 소량의 인슐린이 분비되는 것에 그쳤습니다. 저지방 식단에 비하면 인슐린 분비는 미미한 수준입니다.

우리가 탄수화물 식사를 하면 그래프의 여성들처럼 하루에 최소한 3~4회 고혈당이 되고 인슐린이 과다 분비됩니다. 이렇게 고혈당과 인슐린 과다 분비가 40~50년 지속된다면 어떻게 될까요? 당신의 췌장 세포는 피폐해지며 당뇨병의 수렁에 빠지게 됩니다. 이처럼 칼로리를 아무리 제한해도 탄수화물을 섭취하면 무용지물인 상태가 되어버립니다. 반면에 탄수화물을 제한하면 식후 고혈당은 일어나지 않으며 인슐린 분비도 소량에 그칩니다. 이것은 매우 중요한 포인트입니다.

당뇨병은 인류의 진화에 역행하는 대표적인 질병입니다. 당뇨병은 우리 몸을 소리 없이 폐허로 만들며 모든 신체 기관을 망가뜨립니다. 우리는 더는 사냥을 위해 초원을 질주하지 않습니다. 당신이 자주 걷거나 뛰지 않으면 당뇨병은 불필요한 다리를 먼저 퇴화시킵니다. 발끝부터 썩어갑니다. 바로 '당뇨병성 족부궤양'입니다. 당뇨병은 먹이를 식별하던 예리한 눈을 퇴화시키며, 결국 실명으로 만듭니다. '당뇨병성 망막증'입니다. 당뇨병은 암, 혈관 질환과 같은 중대한 질병의 두목입니다.

🔎 에베 코지 박사의 질문과 답변

Q 저탄수화물 식단은 얼마나 지속해야 합니까?

A 농업 혁명 이전의 인류는 약 399만 년 동안 수렵과 채집을 통해 생존하고 진화해 왔습니다. 수렵과 채집은 단백질과 지방 중심의 저탄수화물 식단입니다. 즉, 원시 인류는 저탄수화물 식단을 기반으로 돌연변이를 거듭한 끝에 지금의 생리·영양·대사·소화 시스템이 완성된 것입니다. 저탄수화물 식단은 인류 본래의 식단입니다. 저탄수화물을 통해 날씬해지고 건강해질 수 있습니다. 불균형한 혈당이 정상화되고 HDL 콜레스테롤이 증가합니다. 오랜 기간 지속해도 전혀 문제가 없습니다. 오히려 정반대입니다. 오래 지속할수록 건강해질 수 있습니다. 저탄수화물 식단을 20년 동안 실천한, 제가 살아있는 증거입니다.

Q 단백질과 지방을 많이 먹어도 정말 괜찮을까요?

A 고단백질 식사로 신장 기능이 떨어진다는 연구 보고는 아직까지 없습니다. 〈일본 후생 노동성〉의 영양 섭취 기준에도 하루 최대 단백질 섭취량에 대한 기준이 없으며, 단백질 섭취에 대해 제한을 설정해 두지 않고 있습니다. 기억해야 할 것은 단백질은 원한다고 많이 먹을 수 있는 영양소가 아닙니다. 왜냐하면 단백질은 포만감의 중추이기 때문입니다. 우리는 일정 수준의 단백질을 먹게 되면 더 이상 먹기를 그

만듭니다. 또한 지방의 과다 섭취가 비만을 초래한다는 기존의 편견은 〈미국 의사 협회 저널〉JAMA 의 논문 등으로 오래전에 부정되었습니다. 오히려 고단백질·고지방 식단은 비만을 개선한다는 사실이 지속적으로 보고되고 있습니다. 건강한 단백질과 지방 음식을 더 많이 선택하십시오.

에베 코지 박사의 요점 정리

· 인류의 미래를 위협하는 범인은 바로 '비만'입니다.

· 진화進化는 진보進步가 아니라 적응適應의 결과입니다.

· 인류 진화의 최초 변곡점은 '직립 보행'입니다.

· 진화의 거대한 흐름을 만든 것은 '기후 변화'와 '음식'입니다.

· 인류 진화의 2차 변곡점은 '불火의 발견'입니다.

· '화식'火食은 인류 진화의 속도에 견인차 역할을 했습니다.

· 육식은 지금의 인류를 만드는 데 커다란 공헌을 했습니다.

· 인류의 가장 큰 사냥 기술은 '오래' 달리기였습니다.

· 농업혁명은 질質대신 양量, 즉 빈곤한 식탁을 선물했습니다.

· 인류는 농업혁명을 통해 '신체적 퇴화'를 경험했습니다.

· 인류의 DNA는 지방과 단백질 음식에 익숙합니다.

· 곡물의 역사는 인류 역사의 페이지에서 1/400에 불과합니다.

· 인간은 탄수화물 중심 식단에 적합하지 않습니다.

2장

인류 본래의
식단은 무엇인가

대부분의 의사는
저지방 식단을 제안하고 있습니다.
탄수화물 60%, 단백질 20%, 지방 20%로
구성된 식단입니다.
이 영양소의 비율은
전혀 균형 잡힌 식단이 아닙니다.
너무 많은 탄수화물을 섭취하고 있습니다.
이러한 식단 구성은
진화적 관점에서 최악의 조합입니다.

인류의 진화와 혈당 수치의 역사

인류가 처음 농사를 짓기 시작한 것은 지금으로부터 약 1만 년 전, 북부 시리아의 요르단강에 걸친 지역입니다. 어떤 학자들은 중국 양쯔강 유역에서 농경이 시작되었다고 주장하기도 합니다. 처음에 농업은 극히 한정된 지역에서 소규모로 이루어졌습니다. 곡물의 가장 큰 장점은 장기 보존과 유통이 가능하다는 것입니다. 쌀처럼 낟알 그대로 보관하거나 밀이나 옥수수처럼 분말로 건조하면 식량을 얻지 못할 때도 유용한 양식으로 활용할 수 있습니다. 곡물의 저장을 통해 기아에 대처할 수 있었습니다.

무엇보다 곡물 재배는 인구 증가에 커다란 영향을 미쳤습니다. 농업은 수렵 채집의 시기보다 동일 면적에 살 수 있는 인구를 최고 100배까지 늘어나게 하였습니다. 농업은 대량의 물이 필요하므로 큰 강 주변 등지에 모여 살게 되었습니다. 이때부터 인류는 대규모의 마을을 형성하여 정착 생활을 하게 됩니다. 농업이 본격적으로 정착된 것은 지금으로부터 약 4,000년 전이라고 추정합니다. 인류의 역사를 400만 년이라고 한다면, 곡물의 역사는 1,000분의 1밖에 되지 않습니다. 책으로 비유하면 서문 몇 줄에 불과한 분량이라고 할 수 있습니다.

한국, 일본을 비롯한 동남아시아 사람들의 주식은 대개 '쌀'입니다. 다음으로 많이 먹는 주식은 밀을 사용한 '면'입니다. 인도와 유럽

지역의 주식은 밀로 만든 '빵과 면'입니다. 중미 지역은 '옥수수와 감자'입니다. 지역은 달라도 탄수화물 위주의 주식에 육류와 어패류로 만든 반찬과 채소를 조합하는 형태는 크게 다르지 않습니다.

인류의 식단을 혈당 수치를 기준으로 해석해 보도록 하겠습니다. 다음과 같이 ① 농업 시작 이전, ② 농업 이후, ③ 정제 탄수화물 등장 이후의 3단계로 나눠볼 수 있습니다.

농업이 시작되기 이전

인류는 399만 년 동안 주로 수렵과 채집에 의존하여 식량을 조달했습니다. 당연히 곡물을 먹을 기회는 좀처럼 없었습니다. 당시 탄수화물 섭취는 과일, 야생 식물을 통해서 부분적으로 섭취했을 것으로 생각됩니다. 당시 공복 혈당 수치는 100 이하, 식사 후 혈당 수치는 110~120 정도로 추측됩니다. 탄수화물 섭취가 소량이었기에 혈당 수치는 10~20의 상승에 그쳤을 것입니다. 혈당의 변동이 거의 없으니 인슐린 호르몬의 분비도 미미한 수준이었을 것으로 생각됩니다. 췌장의 크기는 지금보다 작았을 것으로 보입니다.

농업이 시작된 이후

사람들은 매일 곡물을 주된 영양소로 섭취하게 되었습니다. 공복 혈당 수치는 100, 식후 혈당 수치는 140까지 상승하게 되었습니다. 혈당 수치 상승으로 인슐린 호르몬도 활발하게 분비되었습니다. 인슐린을 분비하는 췌장의 베타 세포는 과거에 비해 노동량이 늘어났습니다. 혈당 수치의 변동 폭도 수렵과 채집에만 의존하던 시대에 비해 2배 이상 커졌습니다. 혈당 수치는 상승했지만 높은 일상 운동량을 통해 비만과 같은 대사 질환은 거의 없었습니다.

정제 탄수화물 등장 이후

빵, 면과 같은 정제 가공식품이 등장하면서 식후 혈당 수치는 더욱 상승하였습니다. 식후 160~170까지 오르게 되었습니다. 혈당 변동 폭은 60~70으로 인슐린 분비량은 농업이 시작되기 전보다 대폭 상승합니다. 혈당이 상승할 때마다 췌장은 필사적으로 인슐린을 만들어 냅니다. 이제 췌장은 풀 가동으로 인슐린 생산 설비를 돌리게 되었으며 야간 근무와 과로 노동으로 지쳐갑니다.

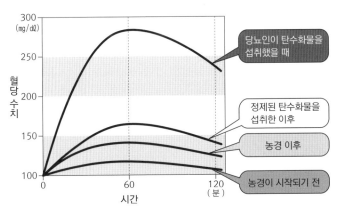

〈인류의 진화와 혈당 수치의 역사〉

이러한 과로 노동이 수십 년 동안 지속되면 결국 당신의 췌장은 피폐해집니다. 인슐린 분비에 장애가 생기고 결국 침묵의 살인자인 당뇨병이 발생합니다. 만약 당신이 당뇨병에 걸린다면 현미, 잡곡, 통밀과 같은 복합 탄수화물을 섭취하더라도 식후 혈당 수치는 200으로 치솟을 것입니다. 이 과정은 수많은 현대인을 괴롭히는 당뇨병의 전형적인 발병 과정입니다.

탄수화물 식단이 부적합한 인체 시스템

이제 인류가 단백질과 지방 중심의 식사에서 탄수화물 중심 식사가 오래 되지 않았음을 알 수 있을 것입니다. 이제 좀 더 들어가 보도록 하겠습니다. 탄수화물이 왜 인류에게 적합하지 않은가에 대해서 인체의 대사 구조를 통해 살펴보려고 합니다. 좀 어려울 수도 있지만 찬찬히 읽어 주기를 부탁드립니다. 인류가 왜 탄수화물 식단이 적합하지 않은지 과학적으로 이해할 수 있을 것입니다.

탄수화물에 불리한 인간의 몸 1 - 에너지 보완 시스템

우리 몸은 체내 환경을 일정하게 유지하는 '항상성'homeostasis 장치가 있습니다. 대표적으로 항상성이 작용하는 부분은 체온과 혈압 그리고 혈당입니다. 예를 들어 혈당은 공복에 70~109, 식후 두 시간 후에는 140 미만으로 철저히 유지됩니다. 기업은 갑작스러운 정전에 대비하여 자가 발전 장치와 배터리를 준비합니다. 마찬가지로 우리 몸에도 항상성을 위협하는 사태에 대한 안전 장치가 마련되어 있습니다.

인간의 에너지는 2가지입니다. 우리는 포도당과 지방을 에너지원으로 사용할 수 있습니다. 지방은 거의 모든 세포의 에너지원으로 쓰입니다. 단, 적혈구는 유일하게 포도당만을 에너지로 사용합니다. 그 이유는 미토콘드리아라는 에너지 발전소를 갖고 있지 않기 때문입니다. 적혈구는 혈액의 주성분으로 세포에 산소를 전달하고 이산화탄소를 받아들여 폐까지 운반합니다. 만약 이 기능이 고장 나면 산소가 제대로 공급되지 못해 생명에 심각한 지장을 초래할 수 있습니다.

따라서 인체는 포도당밖에 이용하지 못하는 적혈구를 위해 최소한의 포도당을 항상 확보하고 있어야 합니다. 만약 혈당 수치가 지나치게 떨어지면 글루카곤glucagon, 에피네프린epinephrine, 부신피질adrenal cortex 호르몬과 같은 구급대원들이 급파되어 혈당 수치를 상승시킵니다. 어느 하나가 원활하게 작동하지 않더라도 다른 호르몬이 보완하는 체계가 정교하게 마련되어 있는 것입니다. 또한 간liver에서는 포도당glucose을 직접 만들어 냅니다. 이를 '포도당 신생 합성'gluconeogenesis이라고 부릅니다. 이들 호르몬을 통해 간에서 포도당을 만들어 부족한 에너지를 공급합니다. 우리의 몸은 긴급 사태를 대비해서 훌륭한 '에너지 보완 시스템'이 마련되어 있는 것입니다.

한편 인슐린 호르몬의 경우는 어떨까요? 인슐린 호르몬은 체내에서 유일하게 혈당을 낮추는 작용을 합니다. 인슐린을 분비하는 췌장에 문제가 생기면 인체에 심각한 영향을 줍니다. 여기서 중요한 시사점 하나를 발견할 수 있습니다. 정제 탄수화물이 폭증하는 지금, 췌장의 인슐린 생산 기능은 과부하 상태에 빠져 있습니다. 그런데 우리 몸에는 인슐린 호르몬을 대체할 보완 시스템이 없습니다. 그 이유는 무엇일까요? 혈당을 낮추는 호르몬은 왜 인슐린 호르몬이 유일할까요? 이 질문은 매우 중요합니다.

원시 인류가 수렵과 채집으로 얻었던 육류와 어패류는 탄수화물이 거의 없습니다. 단백질과 지방은 혈당을 거의 올리지 않습니다. 그래서 원시 인류는 높은 혈당 수치를 경험할 일이 많지 않았습니다. 혈당이 자주 올라가지 않으니 혈당 조절 호르몬이 다양하게 필요하지 않았을 것입니다. 이것이 바로 혈당을 내리는 장치가 인슐린 호르몬 하나뿐인 이유가 아닐까요? 거의 일어날 리 없는 비상사태, 즉 고혈당 사태에 대비하여 겹겹이 안전장치를 마련하는 것은 낭비이니까요.

탄수화물을 섭취하지 않으면 좀처럼 혈당이 오를 일이 없고 인슐린을 추가로 분비할 필요가 거의 없습니다. 따라서 인슐린을 대체할 에너지 보완 시스템을 마련할 필연성이 없었을 것입니다. 그래서 인류의 유전자는 곡물을 주식으로 진화하지 않았으며 과다 탄수화물에 취

약하다는 근거이기도 합니다.

탄수화물에 불리한 인간의 몸 2 - 인크레틴 호르몬

인체에 작용하는 호르몬을 살펴보도록 하겠습니다. 당뇨병 환자를 치료할 때 'DPP-4 억제제'라는 약물이 사용됩니다. 메트포르민met-formin과 함께 가장 많이 처방되는 약물 중 하나입니다. DPP-4 억제제 Dipeptidyl Peptidase-4 Inhibitor는 말 그대로 'DPP-4라는 효소를 방해하는 약물'입니다. DPP-4라는 효소는 '인크레틴'incretin이라는 호르몬을 분해합니다. 그럼, 인크레틴 호르몬은 무엇일까요? 인크레틴은 혈당이 높을 때 인슐린 분비를 촉진하여 혈당을 조절합니다.

문제는 인크레틴 호르몬이 DPP-4 라는 효소에 의해 너무 빨리 분해되어 혈액 속에 머무는 시간이 매우 짧다는 것입니다. 고작 '2분' 밖에 되지 않습니다. 그래서 당뇨병 환자가 DPP-4 억제제 약물을 복용하면 DPP-4 효소의 움직임을 억제해서 인크레틴 호르몬이 혈액 속에 24시간 가까이 지속될 수 있게 됩니다. 즉, 혈당이 높아지지 않도록 작용하며 혈당을 낮추는 것입니다.

여기서 근본적인 의문이 듭니다. 인크레틴 호르몬은 혈당을 낮추는 매우 유익한 호르몬입니다. 그런데 왜 인크레틴 호르몬은 혈액 속에서 불과 2분 만에 분해되어 그 효과를 상실하는 걸까요? 혹시 원시 인류의 몸은 혈당을 낮추는 인크레틴 호르몬이 크게 필요하지 않았던 것은 아닐까요? 다시 말해서 원시 인류에게 인크레틴 호르몬은 식후 2분만 활동하면 충분했을 거라는 추론이 가능합니다.

원시 인류는 수백만 년 동안 혈당 상승이 거의 없었기에 인크레틴 호르몬이 혈당을 낮추기 위해서 몇 시간씩 활동해야 할 이유가 없었던 것입니다. 원시 인류의 주된 식단은 육류, 생선, 채소, 견과류 그리고 과일이었습니다. 이 음식들은 소량의 탄수화물을 함유하고 있을 뿐입니다. 즉, 혈당을 낮추는 인크레틴 호르몬은 소량의 탄수화물을 분해하는 짧은 시간2분이면 충분했을 것입니다.

그러다 인류는 농경이 시작되고 식후 고혈당 상황에 일상적으로 직면하게 되었습니다. 이러한 곡물 중심 식사는 인크레틴 호르몬에 너무 많은 부담을 지우고 있습니다. 외부 환경이 너무나 급속히 변화하여 인크레틴 호르몬이 진화할 시간적 여유가 없었던 것입니다. 정리하면, 인크레틴 호르몬이 짧은 시간2분에 분해되는 생리학적인 특질은 '인류가 탄수화물 중심 식사에 아직 적합하지 않다'는 증거라고 할 수 있습니다.

탄수화물에 불리한 인간의 몸 3 - 과일 속의 과당

'과당'fructose이란 과일에 함유된 탄수화물입니다. 과일의 단맛은 과당 덕분입니다. 과당은 다른 탄수화물과 달리 독특한 대사 경로를 갖고 있습니다. 과당은 체내에서 포도당으로 바로 변환되지 않고 중성 지방으로 바뀌기 쉬운 탄수화물입니다. 재미있는 것은 과당은 포도당으로 거의 변환되지 않고 간에서 매우 쉽게 중성 지방으로 바뀐다는 것입니다. 이처럼 과당은 중성 지방으로 축적되기 쉬운 성질을 지니고 있습니다. 또한 과당은 인슐린 분비를 촉진하지 않기 때문에 뇌에 포만감의 신호를 보내지 않습니다. 그래서 과당이 첨가된 음식은 과식하기 쉽습니다. 청량음료의 주성분인 액상 과당이 비만을 초래하는 이유입니다.

우리 몸이 지방을 축적하는 것은 생존에 있어서 매우 중요한 의미를 지닙니다. 중성 지방을 축적한다는 것은 굶주림에 대비하기 위한 유일한 안전망이기 때문입니다. 과당이 인슐린에 의존하지 않고 간에서 포도당보다 빠르게 대사되어 중성 지방으로 바뀌는 것도 원시 인류에게는 큰 장점이었습니다.

특히 여성은 아이를 양육하는 중요한 역할을 담당합니다. 출산은 진화의 가장 큰 목적입니다. 그래서 여성은 남성보다 가슴과 엉덩이에 지방을 더 저장할 수 있습니다. 일반적인 여성은 체지방의 에너지로 물만 있다면 60일 정도는 충분히 살 수 있습니다. 이는 남성보다 여성의 신체적 우위를 상징합니다. 이러한 저장 시스템은 호모 사피엔스가 최후까지 살아남게 한 이유입니다.

지금까지 인체의 대사 시스템을 살펴보았습니다. 포도당은 분명 중요한 에너지원이기에, 언제든 체내에서 자유롭게 포도당을 합성하는 장치를 준비해 두었습니다. 그런데 알고 계시나요? '필수 탄수화물'

또는 '필수 포도당'이라는 단어는 없습니다. 탄수화물은 굳이 음식물로 섭취하지 않아도 됩니다. 그래서 영양학 교과서에는 '필수 탄수화물'이라는 단어가 없는 것입니다. 간에서 언제든 포도당을 합성할 수 있으니까요. 반면에 지방과 단백질 일부는 우리 몸에서 전혀 만들어지지 않아 필수 지방산, 필수 아미노산으로 불립니다. 이 영양소들은 반드시 음식으로 섭취해야 합니다. 대부분의 비타민도 체내에서 합성되지 않기 때문에 음식물로 섭취해야만 합니다.

그렇다면 인류 진화의 역사에서 탄수화물은 어떤 역할을 수행했을까요? 제 개인적인 생각은 탄수화물의 가장 큰 역할은 지방으로 축적되는 영양소라고 생각합니다. 수렵과 채집 시대에는 음식을 원하는 시간과 장소에서 먹을 수 없었으니까요. 체지방을 축적하는 것은 언제 닥칠지 모를 기아 상태에 대한 유일한 안전망이었습니다.

앞서 설명한 바와 같이 야생 과일의 탄수화물과당은 포도당으로는 거의 바뀌지 않고 간에서 중성 지방으로 몸속에 쌓입니다. 이러한 원리를 알게 되면 현대 사회에 왜 비만이 창궐하는지를 이해할 수 있습니다. 정제 탄수화물을 일상적으로 섭취하는 음식 문화는 인슐린을 대량으로 분비하게 하여 몸에 다량의 중성 지방을 저장하게 만듭니다. 이러한 패턴이 비만과 대사 증후군의 유령을 창궐하게 한 것입니다.

에스키모와 피마 인디언의 비극

에스키모는 지구상에서 가장 극한의 지대에서 생활합니다. 어떤 생명도 생존하지 못할 것 같은 동토의 왕국에서 에스키모들은 인간의 삶을 지속해 왔습니다. 알래스카 북서부와 그린란드와 같은 동토의 지역에서는 곡물과 채소를 재배할 수 없습니다. 대부분의 식량을 짧은 여름 동안 장만합니다. 여름에 산나물, 월귤베리열매, 해조류를 미리 준비하고 대부분의 식량은 사냥에 의존합니다. 육지에서는 순록, 바다에서는 바다표범과 물개와 같은 해양 동물을 사냥합니다. 자연스럽게 에스키모들은 고지방, 고단백질 음식을 할 수밖에 없었으며 저탄수화물 식단을 4,000년 가까이 이어 왔습니다. 더구나 이들은 사냥한 동물을 해체한 후 익히지 않고 날것으로 먹습니다. 그들은 고기와 내장을 생식함으로써 천연 비타민과 미네랄을 보충했습니다.

1960년대 덴마크의 예른 뒤에르베르 박사는 그린란드에 살고 있는 에스키모에 대해 조사·연구를 진행하였습니다. 그리고 놀라운 사실을 발견했습니다. 덴마크인과 에스키모는 음식으로 섭취하는 칼로리 중 지방 에너지의 비율이 40~50%로 거의 비슷했습니다. 그런데 덴마크인은 심장병에 의한 사망률이 약 35%였던 데 반해, 에스키모는 겨우 5%에 불과했습니다. 에스키모는 심장 질환에만 강한 것이 아니었습니다. 암, 뇌경색, 심근 경색, 동맥 경화 그리고 당뇨병 등의 발병

률도 매우 낮았습니다. 이 보고서는 의학계에 충격을 안겨줬습니다. 그동안 심장병과 같은 혈관 질환의 주범은 고지방 음식이라고 믿어왔기 때문입니다.

에스키모는 왜 만성 질환에 잘 걸리지 않았을까요? 뒤에르베르 박사는 오랜 연구 끝에 '오메가3 지방산'EPA에 주목했습니다. 에스키모의 피에 혈전이 잘 생기지 않는 이유를 알아보기 위해 혈액을 분석했습니다. 연구 결과, 혈전을 방지하는 오메가3 지방산이 덴마크인보다 훨씬 많은 것으로 밝혀졌습니다. 오메가3 지방산은 고등어나 참치 같은 생선에 포함된 기름으로 바다 표범 등의 해양 동물에 풍부합니다. 그래서 바다 표범과 어류 등을 주로 먹는 에스키모의 혈액에 오메가3 지방산이 많았던 것입니다. 오메가3 지방산은 혈전을 방지하며 혈액의 흐름을 원활하게 합니다. 뿐만 아니라, 총 콜레스테롤 수치를 낮추고 HDL 콜레스테롤을 늘립니다. 오메가3 지방산은 에스키모의 건강에 중요한 역할을 한 것입니다.

그렇다면 오메가3 지방산이 에스키모의 건강을 유지했던 핵심이었을까요? 더 중요한 요인이 있었다고 생각합니다. 바로 에스키모의 탄수화물 섭취량입니다. 에스키모는 총 섭취 칼로리의 10% 수준에서 탄수화물을 섭취했습니다. 에스키모가 만성 질환에서 자유로웠던 이유가 저탄수화물 식단에 있었다고 생각합니다.

안타깝게도 에스키모는 훗날 정제 탄수화물 섭취가 늘어나면서 만성 질환이 눈에 띄게 급증했습니다. 그들이 탄수화물을 대량으로 먹게 된 것은 1920년대부터입니다. 모피 교역을 하는 허드슨만 기업이 캐나다 북서부에 진출하면서 에스키모의 식생활이 서서히 서구화되었습니다. 밀가루 빵Bannock이 에스키모의 주식으로 전파되었습니다. 1950년대부터는 알코올, 정크 푸드, 담배 등이 에스키모 사회에 급속히 퍼졌습니다. 캐나다 맥길 대학의 〈토착민 영양 섭취·환경 센터〉CIPNE의 조사에 의하면 현재 에스키모 젊은이들은 햄버거, 피자, 감자 튀김, 콜라 등을 즐겨 먹고 있습니다. 대부분의 칼로리를 정제 탄수화물 가득한 정크 푸드에서 섭취하고 있었습니다.

다른 인종과 민족이 1만 년에 걸쳐 바꾼 탄수화물 중심 식단을 에스키모는 겨우 50년 만에 바꾸게 된 것입니다. 그 결과는 어떠했을까요? 영국의 권위 있는 의학 잡지 〈란셋〉Lancet에 〈에스키모의 암에 관한 논문〉2008이 게재되었습니다. 논문을 요약하면 다음과 같습니다.

"에스키모에게 20세기 초까지 서구형 암은 거의 없었다. 하지만 식단과 라이프 스타일이 변화함에 따라 서구형 암이 급속도로 증가했다."

에스키모와 같은 원시 독립 부족은 만성 질환으로부터 자유를 누려왔습니다. 하지만 정제 탄수화물 가득한 식단으로 인해 폐암, 대장암, 유방암, 당뇨병, 비만 등의 만성 질환이 서구 사회보다 더 많이 발병하는 비극적 상황이 벌어지고 말았습니다. 이러한 변화의 중심에 '식단'이 있습니다.

다른 사례를 말씀드리겠습니다. 미국 애리조나 주의 피마 인디언입니다. 피마 인디언은 오래 전에 아시아에서 북미 대륙으로 머나먼 횡단을 하였습니다. 거대한 여정 이후 피마 인디언들은 두 군데로 나뉘어 정착하였습니다. 한 집단은 미국 애리조나 주에, 다른 집단은 멕시코 소노라 주에 정착합니다.

멕시코 소노라 주에 정착한 피마 인디언은 산악 지대의 혹독한 생활 환경 속에서도 예전과 다름없는 생활을 추구하였습니다. 그들은 현대 문명의 편안함이라는 유혹에 넘어가지 않고 전통 방식을 고수하였습니다. 일주일에 20시간 이상 농업과 낙농에 종사하며 먹는 것 또한 전통적인 식생활을 따랐습니다. 멕시코에 정착한 피마 인디언들에게 비만, 당뇨병과 같은 현대병은 거의 찾아볼 수 없었습니다.

반면에 미국 애리조나 주에 정착한 피마 인디언의 사정은 판이하게 달랐습니다. 그들도 처음에는 에스키모의 전통적인 생활 패턴으로 살았지만, 1970년대부터 백인들의 정제 탄수화물 가득한 패스트푸드 식사를 하게 되었습니다. 그뿐만 아니라 백인들과 비슷한 직업을 가지게 되면서 운동량도 일주일에 두 시간 이하로 급격히 줄어들었습니다. 그 결과 미국에 정착한 피마 인디언의 50%가 2형 당뇨병 환자가 되었고 성인의 약 90%가 비만이 되어버렸습니다. 재앙과 같은 비극이 피마 인디언들에게 들이닥친 것입니다. 아시아에서 북미 대륙을 횡단한 피마 인디언들은 동일한 유전자를 소유했지만, 변화된 삶의 방식으로 엇갈린 운명을 맞이하게 되었습니다.

저탄수화물 식단은 인류 본래의 식단이다

현대인이 매일 먹는 음식은 인류 본래의 식단과는 명백히 다릅니다. 이 차이가 지금 수많은 만성 질환을 창궐하게 만든 근본적인 원인입니다. 따라서 우리는 인류 본래의 식단, 즉 '저탄수화물 식단'으로 돌아가야 합니다. 저는 비만, 당뇨병 등 만성 질환 환자들이 진료받으러 오면 약물보다 식이 요법만으로 증상을 치료하고자 합니다. 식이 요법이 여의치 않을 때 비로소 약물을 처방합니다. 요즘 사람들은 약을 좋아하는 경향이 있습니다. 약으로 질병을 미리 예방할 수 있다고 생각하기도 합니다. 하지만 약은 영양제가 아닙니다. 반드시 부작용을 동반합니다.

만성 질환을 약물 없이 치료할 수 있는 방법이 있습니다. 바로 '저탄수화물 식단'입니다. 하지만 지금도 대부분의 의사들은 환자들에게 저지방 식단을 제안하고 있습니다. 총칼로리에서 탄수화물 60%, 단백질 20%, 지방 20%로 구성된 탄수화물 식단입니다. 당신은 이러한 영양소의 비율이 균형 잡힌 식단이라고 생각하십니까? 이 영양소의 비율은 전혀 균형과는 상관이 없습니다. 너무나 많은 탄수화물을 섭취하고 있습니다. 이러한 식단 구성은 진화적 관점에서 최악의 조합입니다. 저는 '인류의 가장 균형 잡힌 식사법'을 제안합니다.

최근 당뇨병 전문의들은 식사 후 고혈당 문제에 주목하고 있습니다. 과거에는 공복 혈당을 조절하는 데 치중했으나 최근에는 식후 혈당 수치가 중요하게 대두되었습니다. 왜냐하면 식후 고혈당은 심근 경색, 뇌경색 등 심각한 혈관 질환을 유발하는 위험 인자로 밝혀졌기 때문입니다. 그렇다면 현재 당뇨병 환자들에게 처방되고 있는 식단은 어떨까요? 지금의 당뇨병 식단저지방 식단은 이러한 실태를 전혀 반영하지 못하고 있습니다. 탄수화물 식단은 혈당을 낮추기는커녕 오히려 높이기 때문입니다.

〈미국 당뇨병 협회〉ADA에 따르면 소화·흡수된 음식물 가운데 지방은 혈당으로 바뀌지 않지만, 탄수화물은 100% 혈당으로 바뀝니다. 또한 탄수화물은 섭취한 직후부터 혈당을 급격히 상승시키며 2시간 이내에 대부분 체내로 흡수되어 버립니다. 이는 음식물에 함유된 칼로리와는 무관한 인체의 생리적인 특질입니다.

음식 그룹	영양소	혈당 영향	혈당 속도
밥, 빵, 면	탄수화물	크다	빠르다
과일	탄수화물 + 식이 섬유	크다	빠르다
채소	탄수화물 + 식이 섬유	작다	느리다
육류	단백질 + 지방	X	X
생선	단백질 + 지방	X	X

〈음식의 영양소가 혈당에 미치는 영향〉

*출처 : ADA "Life Diabetes: A Series of Teaching Outlines by the Michigan Diabetes Research and Training Center, 2004"

그림에서 알 수 있듯이 탄수화물·단백질·지방 3대 영양소 가운데 혈당을 급속히 올리는 것은 '탄수화물' 뿐입니다. 탄수화물을 섭취하면 혈중 포도당을 에너지로 바꾸고자 인슐린이 대량으로 분비됩니다. 인슐린 호르몬은 생존을 위해 절대적인 호르몬이지만, 너무 많이 분비되면 인체에 해로운 영향을 끼칩니다. 건강한 사람일지라도 탄수화물 섭취로 인한 식후 혈당 상승과 인슐린의 대량 분비가 반복되면 비만과 당뇨병과 같은 대사 증후군이 발병할 위험이 높아집니다.

저탄수화물 식단은 이와 같은 생리 작용을 염두하고 최대한 탄수화물 섭취를 줄여 40대 이후 피하기 힘든 각종 만성 질환을 예방하고자 하는 목적입니다. 지금 우리는 주식의 전환이 필요합니다. 여기서 주식이란 밥·빵·면과 같은 곡물 음식, 즉 탄수화물이 주성분인 식품입니다. 단맛이 나는 과자와 주스와 같은 정제 탄수화물은 당연히 피해야 합니다. 육류나 생선은 마음껏 먹을 수 있습니다. 술도 소주, 위스키 같은 증류주라면 언제든 허용됩니다.

구체적인 실천 방법은 나중에 자세하게 말씀드리겠습니다. 먼저 저탄수화물 식단의 3가지 유형을 기억해 주십시오. 첫 번째 유형은 '슈퍼'super 저탄수화물 식단으로 3끼 모두 탄수화물을 제한하는 식사법입니다. 두 번째 유형은 '베이직'basic 저탄수화물 식단으로 하루 3끼 중 2끼 탄수화물을 제한하는 식사법이다. 세 번째 유형인 '미니'mini 저탄수화물 식단은 3끼 중 1끼 탄수화물을 제한하는 식사법입니다. 이 경우는 저녁에 탄수화물을 제한하기를 권합니다. 가장 추천하고 싶은 유형은 가장 효과가 탁월한 '슈퍼' 저탄수화물 식단이지만 질병이나 증상, 라이프 스타일에 따라 적절히 구분하여 적용하는 것이 좋습니다.

당뇨병, 약물로부터 자유로워질 수 있다!

제2형 당뇨병을 앓고 있는 남성(65세)의 경우입니다. 이 환자는 다른 당뇨병 환자와 마찬가지로 약을 먹고 있었습니다. 그런데도 당화 혈색소HbA1c는 7.0%으로 높은 수준이었습니다. 참고로 당화 혈색소 6.5 이상이면 당뇨병으로 판정합니다. 그래프는 저지방 식단과 저탄수화물 식단을 각각 실천한 후 각각의 혈당 수치를 비교한 것입니다. 저지방 식단의 경우는 평소대로 약물을 복용했습니다. 하루 3회 식전에 혈당 강하제아마릴정를 복용했습니다. 저탄수화물 식단을 할 때는 복용하는 당뇨 약물을 전부 중단했습니다.

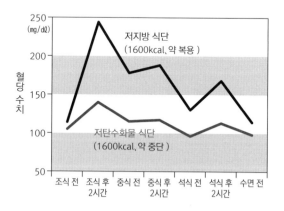

저지방 식단은 혈당 강하제를 복용했음에도 식후 2시간 혈당 수치

가 244, 188, 166으로 높은 수치를 보였습니다. 반면, 저탄수화물 식단은 약물을 복용하지 않았음에도 식후 혈당 수치가 140, 117, 113으로 나타났습니다. 정상적인 수치라고 해도 과언이 아닙니다. 탄수화물을 제한하면 혈당 개선 효과가 상기 사례와 같이 즉각적으로 나타납니다. 현재 당뇨병 약물을 복용하고 있다면 저탄수화물 식단을 시작하십시오. 단, 의사와의 상의가 필요합니다. 왜냐하면 탄수화물을 제한하면서 동시에 약물을 복용할 경우, 저혈당 증상이 올 수 있기 때문입니다.

💡 에베 코지 박사의 질문과 답변

Q 하루 탄수화물 섭취량에 기준이 있습니까?

A 가장 권장하는 식단은 '슈퍼'super 저탄수화물입니다. 이 식단은 끼니당 탄수화물 섭취를 10~20그램으로 제한합니다. 즉 하루 3끼 식사 모두에서 밥, 빵, 면과 같은 정제 탄수화물을 제한하는 방식입니다. 하루 총 탄수화물은 '30~60g'입니다. '베이직'basic 저탄수화물 식단은 3끼 중 1끼만 적정량의 탄수화물을 섭취합니다. 여기서 적정량의 기준은 한 끼에 밥 반 공기30g 정도를 섭취하는 것을 말합니다. 하루 총 탄수화물은 '60~100g'의 탄수화물을 섭취합니다. '미니'mini 저탄수화물 식단은 3끼 중 2끼를 적정량의 탄수화물을 섭취합니다. 하루 총 탄수화물 '100~140g'을 기준으로 삼고 있습니다. 저는 20년 동안 슈퍼 저탄수화물 식단을 통해 당뇨병을 극복하고, 70세가 넘은 지금도 젊은 시절 몸매를 유지하고 있습니다. 최근에는 아침을 단식하고 1일 2식으로, 하루에 20~40g 탄수화물을 섭취하고 있습니다.

Q 당뇨병 환자가 시작해도 될까요?

A 당연합니다. 바로 시작해야 합니다. 저탄수화물 식단을 연구하게 된 계기가 당뇨병 치료를 위한 것입니다. 초기 제2형 당뇨병 환자라면 저탄수화물 식단을 통해 약물 없이 혈당 조절이 가능

해집니다. 즉각적으로 당뇨병 증상이 호전될 것입니다. 다만 심각한 제2형 당뇨병 환자라면 인슐린을 분비 능력을 크게 상실한 상태일 것입니다. 이러한 경우는 저탄수화물 식단을 해도 아침 공복 혈당 수치가 정상화되지 않을 수 있습니다. 당뇨병의 진행 상황에 따라서 약물 또는 인슐린 주사를 함께 병용하는 것이 좋습니다. 인슐린 주사를 투여받는 제2형 당뇨병 환자는 저탄수화물 식단을 통해서 인슐린 투여량을 3분의 1 이하로 줄일 수 있습니다. 인슐린 분비 능력이 아직 많이 남아 있는 사람은 저탄수화물 식단을 하면 인슐린을 투여하지 않아도 될 것입니다. 제1형 당뇨병의 경우에도 저탄수화물 식단을 실천하면 인슐린 투여량이 3분의 1 이하로 줄어듭니다. 자신 있게 말씀드릴 수 있습니다. 왜일까요? 그 이유는 제가 다카오 병원에 입원한 당뇨병 환자를 대상으로 직접 치료하고 있기 때문입니다.

📖 에베 코지 박사의 요점 정리

· 인류의 혈당 수치 역사는 다음과 같이 구분할 수 있습니다.

　① 농업 시작 이전 　② 농업 이후 　③ 정제 탄수화물 등장 이후

· 인체의 DNA가 탄수화물에 적합하지 않다는 의학적 증거

　－ 혈당을 낮추는 호르몬은 '인슐린'이 유일합니다.

　－ 인크레틴 호르몬이 짧게 2분만 작용하고 사라집니다.

　－ 과당은 포도당보다 주로 지방으로 전환됩니다.

· 탄수화물은 기아에 대비하기 위한 지방 저장 영양소입니다.

· 저탄수화물 식단을 지속해 온 에스키모는 질병이 없었습니다.

· '탄수화물 : 단백질 : 지방 = 60 : 20 : 20' 비율은 전혀 균형 잡힌

　식단이 아닙니다.

· 혈당에 영향을 적게 미치는 음식을 선택하십시오.

· 혈당 장애가 있는 분은 지금 저탄수화물 식단을 시작하세요.

만성 질환 예방을 위한 10계명

❶ 주식은 정제하지 않은 곡물현미, 잡곡, 통밀을 적절히 섭취해야 합니다.

❷ 밥, 빵, 면과 같은 정제 탄수화물은 최대한 줄여야 합니다.

❸ 된장, 고추장, 김치와 같은 발효 식품은 멋진 전통 음식입니다.

❹ 탄산음료와 같은 가공식품을 단호하게 끊고, 물과 차를 생활화하세요.

❺ 지방과 단백질이 풍부한 육류와 해산물을 충분히 드십시오.

❻ 제철 과일과 채소, 해조류를 적정량 섭취하기 바랍니다.

❼ 올리브 오일, 코코넛 오일, 생선 기름DHA, EPA과 같은 건강한 기름을
충분히 섭취하십시오.

❽ 우유는 최대한 줄이고 치즈와 플레인 요구르트는 적정량 드십시오.

❾ 움직임은 인간의 본능입니다. 지금, 소파에서 일어나세요!

❿ 음식은 천천히 꼭꼭 씹어 드시기 바랍니다. '오래 씹는 것'은
제2의 소화입니다.

3장

만성 질환의
해법을 찾아서

우리는
탄수화물 천국에 살고 있습니다.
가공식품을 마음껏 먹을 수 있으며,
정제 탄수화물 가득한 일상이
계속되고 있습니다.
몸은 지방을 연소시킬 시간이 없습니다.
지방은 공장의 재고처럼 쌓여만 갑니다.
우리는
점점 뚱뚱해지고 있습니다.

인슐린 호르몬, 질병을 해결하는 마스터키

만성 질환으로 인한 고통과 죽음이 일상이 되고 있습니다. 더 무서운 사실은 우리가 죽음의 일상에 둔감해지고 있다는 것입니다. 저는 만성 질환의 수수께끼를 당신과 함께 풀어보고자 합니다. 우리를 괴롭히고 있는 만성 질환은 조직 폭력배처럼 거리를 배회하고 있습니다. 조직 폭력배를 이끄는 우두머리는 누구일까요? 저는 '혈당 불균형'이라고 생각합니다. 바로 '고혈당과 고인슐린'이 원인입니다.

왜 고혈당과 인슐린 과다 분비가 만성 질환을 유발하는 걸까요? 이 점을 설명하기에 앞서 먼저 인슐린에 대해 간단히 말씀드리겠습니다. 지금까지 책을 읽은 당신은 '인슐린 호르몬'이 질병을 극복하는 중요한 마스터키라는 것을 이미 알아차렸을 것입니다. 인슐린 호르몬은 췌장에서 만들어지는 물질로 혈중 포도당의 양을 조정하는 역할을 합니다. 즉, 체내에서 유일하게 혈당 수치를 낮추는 작용을 합니다.

인슐린 호르몬 분비는 크게 2가지로 나눌 수 있습니다. 첫째, 24시간 안정적인 혈당 수치를 유지하기 위한 '기초 분비'와 둘째, 탄수화물을 섭취해서 혈당이 일시적으로 높아졌을 때 이를 낮추기 위한 '추가 분비'로 나눌 수 있습니다.

우리 몸은 공복 상태에서도 일정한 혈당을 유지하기 위해 즉, 체내 항상성을 위해 소량의 인슐린이 필요합니다. 인슐린의 기초 분비가 중단되면 몸 속 에너지 대사가 제대로 이루어지지 않습니다. 식사를 통해 탄수화물을 섭취하면 혈중 포도당이 증가하므로 이를 낮추기 위해 인슐린이 함께 증가해야 합니다. 이때 '추가 분비'가 일어납니다. 추가 분비된 인슐린은 혈중 포도당을 근육과 심장 세포 속으로 흡수시켜 에너지원으로 사용하도록 합니다. 또한 인슐린은 사용하고 남은 포도당을 체지방으로 바꾸는 작용도 합니다. 인슐린 호르몬은 유능한 만능 일꾼이라고 할 수 있습니다. 한편에서는 포도당을 태우도록 돕고, 다른 한편에서는 남은 포도당을 체지방으로 바꿉니다.

이 과정을 좀 더 구체적으로 살펴보겠습니다. 인슐린 추가 분비는 일정한 시간 차이를 두고 진행됩니다. 즉각적으로 인슐린이 분비되는 '제1반응'과 조금 천천히 분비되는 '제2반응'으로 나눌 수 있습니다. 예를 들어 정상적인 사람은 탄수화물을 섭취해서 혈당이 오르기 시작하면 곧바로 인슐린이 추가 분비되는데 이를 '제1반응'이라 합니다. 원래 몸속에 축적되어 있던 인슐린이 5~10분간 다량 분비되면서 고혈당을 방지합니다. '제2반응'은 조금 천천히 소량의 인슐린이 지속적으로 분비되어 남은 포도당을 해결합니다. 다시 말하면 탄수화물을 섭취하는 동안에도 제2반응으로 인슐린 분비가 지속되며, 식사를 마친 뒤에는 다시 제1반응을 위한 인슐린이 축적되어 다음을 대비하는 셈입니다.

이와 같이 인슐린은 생존에 반드시 필요한 호르몬입니다. 당뇨병이란 인슐린이 제대로 작용하지 못해 혈당 수치가 높아지는 질병입니다. 참고로 당뇨병은 크게 '제1형 당뇨병'과 '제2형 당뇨병'으로 나뉩니다. 제1형은 바이러스 감염 등으로 면역 기능에 문제가 생기면서 췌장에서 인슐린을 만드는 세포가 파괴되어 인슐린 자체가 고갈되는 유형입니다. 소아 때 일어나는 경우가 많아서 '소아 당뇨'라고도 불립니다. 제2형은 상대적으로 인슐린 분비 기능이 떨어져서 포도당을 효과적으로 연소하지 못하는 상태를 말합니다. 이를 '인슐린 저항성'insulin resistance이라고 합니다. 말 그대로 세포가 인슐린을 거부하는 상태입니다. 제2형 당뇨병은 유전적인 요인과 잘못된 습관에서 비롯된 만성 질환입니다. 일본에서는 전체 당뇨병의 95% 이상을 차지합니다.

혈당 스파이크는 치명적 질병을 유발한다

과거에는 공복 혈당 수치에 주목해 오다가, 최근에는 식후 혈당이 주목받고 있습니다. 그 이유가 바로 '혈당 스파이크'blood sugar spike 때문입니다. 혈당 스파이크는 공복 혈당과 식후 혈당의 차이가 큰 상태를 말합니다. 세계적으로 당뇨병 전문의들 사이에서 사용하는 용어이니 알아 두면 좋습니다. 혈당 스파이크가 자주 반복될수록 우리 몸의

혈관은 쉽게 손상되며 동맥 경화증과 심근 경색과 같은 치명적 질병이
생길 위험이 증가합니다.

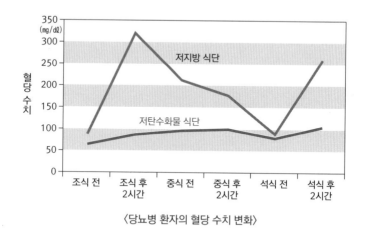

〈당뇨병 환자의 혈당 수치 변화〉

위 그래프는 제2형 당뇨병을 앓는 여성(28세)의 혈당 수치를 나타
낸 것입니다. 아침 공복 혈당은 88입니다. 기존 당뇨병 치료식으로 제
공된 식빵 2장을 섭취하고 2시간 후에는 혈당이 무려 321로 급격히
상승했습니다. 무려 혈당이 233이나 급상승한 것입니다. 참고로 정상
혈당 수치는 공복일 때 100 미만, 식후 2시간에 140 미만입니다. 이 당
뇨병 여성은 폭풍 같은 혈당 스파이크를 식사마다 경험하고 있는 것입
니다. 문제는 이 여성이 공복 혈당만을 측정하는 통상적인 건강 검진
에서는 정상으로 간주한다는 점입니다. 공복 혈당과 식후 혈당에 대한
세심한 관찰과 주의가 필요합니다.

당뇨병이 없는 사람도 안심해서는 안 됩니다. 정상적인 사람들도
밥·빵·면과 같은 정제 탄수화물을 먹고 나면 혈당이 60~70정도 상

승하곤 합니다. 이것을 '혈당 미니 스파이크'blood sugar mini spike라고 부릅니다. 당뇨병 환자에게 나타나는 혈당 스파이크만큼 상승 폭이 크지 않지만 인체에 부정적 영향을 미칠 가능성이 높습니다. 혈당 미니 스파이크가 비만, 대사 증후군과 같은 만성 질환의 숨은 원인이라고 생각합니다.

예를 들어 건강한 성인이 정제 탄수화물을 섭취한 경우와 정제되지 않은 탄수화물을 섭취한 경우를 비교해 보면, 혈당 수치의 상승 변화가 확실히 다르다는 것을 알 수 있다. 탄수화물을 섭취한다면 원형 그대로의 음식을 드십시오. 반면에 지방과 단백질을 섭취했을 때는 혈당 수치의 변화가 거의 없습니다. 기억하셔야 할 것은 그래프에서 보는 것 같이 저탄수물 식단을 실행하면 혈당 스파이크는 절대 일어나지 않는다는 사실입니다.

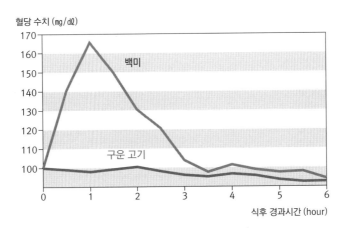

〈백미와 구운 고기를 먹었을 때 각 혈당 수치〉

위 그래프는 20대 여성이 백미 1인분을 먹었을 때와 구운 고기 1인분을 먹었을 때의 혈당 수치 변화를 비교한 것입니다. 백미를 먹었을 때는 공복일 때보다 식후 1시간에 혈당 수치가 165까지 상승해 혈당 스파이크를 일으켰습니다. 반면에 구운 고기를 먹었을 때는 혈당이 거의 올라가지 않았습니다. 섭취하는 음식물의 종류에 따라 혈당 수치는 엄청난 차이를 보이고 있음을 알 수 있습니다.

다시 말씀드립니다. 탄수화물을 섭취하면 혈당 스파이크가 일어나며 매번 인슐린이 대량으로 분비되어 인체의 대사가 흐트러집니다. 인슐린 기초 분비량의 몇 배에서 많게는 몇십 배까지 분비됩니다. 우리 몸이 하루에도 여러차례 구급차 출동에 버금가는 긴급 사태에 처한다고 볼 수 있습니다. 혈당 수치가 180을 넘어가면 혈관 내벽이 손상되게 됩니다. 그래서 췌장에서는 이 긴급 사태를 진화하기 위해 부지런히 인슐린을 추가 분비하는 것입니다.

우리는 세상에 태어나 하루에 3~5회 탄수화물밥, 빵, 면을 섭취하고 있습니다. 그 이상 섭취하는 경우도 많습니다. 우리 몸은 혈당 스파이크의 급격한 파도를 수없이 경험하고 있습니다. 그때마다 신진대사는 위협받고 자연 치유력은 약해지며 췌장은 과로로 지쳐갑니다. 이러한 혈당 스파이크와 췌장의 과로 노동은 알레르기 질환과 만성 질환으로 이어지고 있습니다.

이와 같은 현상이 수십 년 동안 반복된다면 우리 몸은 어떻게 될까요? 중년의 췌장은 지칠 대로 지쳐 인슐린 분비 능력을 상실하고 결국 당뇨병이라는 불청객이 찾아오게 됩니다. 최근 정제 탄수화물의 폭증은 이러한 화재에 기름을 붓고 있습니다. 혈당 불균형을 앓고 있는 사람들은 주의해야 할 사항이 있습니다.

복합 탄수화물은 몸에 좋고, 단순 탄수화물은 몸에 좋지 않다는 상식이 있습니다. 물론 복합 탄수화물은 단순 탄수화물보다 분명 좋습니다. 건강한 사람은 현미밥을 섭취해도 혈당이 40~50 정도밖에 오르지 않아 대사가 안정적입니다. 하지만 당뇨병 환자는 현미밥일지라도 150 이상 혈당이 급상승합니다. 혈당 불균형을 앓고 있는 분들은 복합 탄수화물일지라도 주의가 필요합니다. 지금부터 저탄수화물이 필요합니다.

하루 3끼를 먹는 야생 동물은 없다

〈일본 국립 암 연구센터〉는 탄수화물 과다 섭취와 당뇨병의 관계를 끊임없이 지적해 왔습니다. 요미우리 신문에 소개된 흥미로운 기사 하나를 소개해 드립니다. 기사의 제목은 〈하루에 밥 3끼 먹는 여성은 당뇨병 발병 위험 1.5배〉라는 기사입니다. 〈일본 국립 암 연구센터〉는 합동 조사팀을 통해 일반인 6만 명을 추적 조사한 결과를 발표했습니다. 하루에 밥을 3끼 이상 먹는 일본인 여성은 당뇨병 발병률이 높은 것으로 나타났습니다. 쌀밥과 당뇨병의 관계를 대규모로 조사한 것은 이번이 처음입니다. 탄수화물을 많이 먹으면 당뇨병에 걸리기 쉽다는 것을 증명한 사례입니다.

〈일본 국립 암 연구센터〉는 오키나와 등 8개 현에 거주하는 45~74세 남녀 약 6만 명을 대상으로 5년 동안 추적 조사 연구를 실시했습니다. 그중 1,103명이 당뇨병에 걸렸습니다. 쌀밥 섭취량과 당뇨병의 관련성을 조사한 결과, 여성의 경우 하루에 3끼를 먹는 그룹은 1끼를 먹는 그룹에 비해 당뇨병 발병률이 1.48배, 4끼 이상이면 1.65배 높았습니다. 다만 하루 한 시간 이상 육체 노동이나 운동을 하는 그룹은 쌀밥 섭취량과 당뇨병 발병률과의 연관성이 없었습니다. 운동이 매우 중요함을 알 수 있습니다.

하버드대학 공중위생 대학원 연구팀은 〈백미를 먹으면 제2형 당뇨병의 발병 위험을 높인다〉는 연구 결과를 발표했습니다. 하버드대학 연구에 따르면, 평소 주식으로 먹는 백미를 단지 현미, 통밀빵으로 바꾸기만 해도 당뇨병 발병 위험을 줄일 수 있다고 합니다. 백미를 일정량 이상 섭취하면 제2형 당뇨병에 걸릴 위험이 높아진다는 것은 미국과 일본의 공통적인 연구 결과입니다.

그러나 백미를 섭취하는 행위가 반드시 당뇨병을 유발한다고 단정할 수는 없습니다. 당뇨병은 여러 잘못된 생활 습관으로 유발되는 복합 질병이기 때문입니다. 데이터를 해석한 국립 국제 의료 연구센터 팀도 '쌀밥을 포함해 전체적으로 균형 잡힌 식습관을 갖는 것이 중요하다'고 결론짓고 있습니다. 또한 연구팀은 '하루 한 시간 이상 육체노동이나 운동을 하는 그룹은 쌀밥 섭취량과 발병률의 연관성이 없었다'라는 사실도 밝히고 있습니다.

운동이 쌀밥 과다 섭취의 폐해인 제2형 당뇨병 발병 위험을 줄이는 것은 틀림없는 듯합니다. 실제로 1900년대 이전의 일본인은 총 섭취 칼로리의 70~80%가 주로 백미였음에도 불구하고 제2형 당뇨병이 거의 없었습니다. 그 이유는 무엇일까요? 과거에는 교통이 발달하지 않아 하루 3만 보 이상을 걸었다고 합니다. 일상생활에서 차지하는 운동량이 현대인과 비교가 되지 않을 정도로 월등했습니다.

그렇다면 우리는 당뇨병을 예방하는 방법을 유추할 수 있습니다. 충분한 운동을 통해 과도한 에너지를 소비하거나, 주된 음식에서 탄수화물을 제한하는 것입니다. 쌀밥 한 공기, 식빵 5장, 조각 케이크 1개의 칼로리는 대략 300Kcal입니다. 이 칼로리는 걷기 2시간, 수영 1시간, 줄넘기 40분을 해야 소비할 수 있습니다. 운동은 예상외로 칼로리 소비가 적다는 사실을 기억하기를 바랍니다. 체중 감량과 혈당 조절을 위한 정답은 바로 '올바른 음식'입니다. 하루 3끼를 먹는 야생 동물은 없습니다. 모든 야생 동물은 배고플 때 식사합니다. 과거의 관성에서 벗어나기를 바랍니다.

가난한 사람들은 비만이 되기 쉽다

미국은 비만과 과체중을 포함해서 비만율이 70%가 넘습니다. 처음 미국을 여행하는 사람들에게 가장 인상적인 장면을 물어보면 멋진 풍경보다도 '비만인의 풍경'이라고 대답하는 경우가 많습니다. 미국 사람들은 왜 이렇게 뚱뚱한 사람들이 많을까요? 가장 중요한 이유는 '잘못된 음식'의 섭취입니다. 그 중에서 가장 강력한 용의자 중 한 명은 바로 '탄산음료'입니다. 상당수의 미국 사람은 탄산음료를 물처럼 마시는 경우가 많습니다. 뉴욕시와 미국 음료업계 사이에서 일어난 '탄산음료 전쟁'은 흥미로운 사례라 소개해 드립니다.

뉴욕의 블룸버그 시장은 다음과 같은 슬로건을 뉴욕 시민들에게 제안했습니다. '비만의 원인으로 지목되는 설탕 함유 탄산음료의 소비량을 줄여 의료비를 억제하자!' 그는 뉴욕의 공공장소에서 16온스 500㎖이상의 탄산음료를 판매하지 못하도록 하는 파격적인 정책을 발표했습니다. 그 이유는 뉴욕 성인 3명 중 1명이 비만이며 동시에 당뇨병 또는 당뇨 전 단계였기 때문이었습니다. 뉴욕 시민들의 상당수는 이미 병들어 있었습니다. 블룸버그 시장은 이러한 상황을 묵과할 수 없었습니다. 그는 비만과 당뇨병의 주범으로 코카콜라와 같은 탄산음료를 가장 먼저 지목했습니다. 탄산음료를 '공공의 적'으로 규정한 것입니다.

이러한 뉴욕시장의 건강 정책에 탄산음료 업계는 즉각적으로 '쓸데없는 간섭'이라며 강력하게 반발했습니다. 그 반발에 코카콜라가 선두에 섰습니다. 비만은 복합적인 원인에 의해서 발생하며 '코카콜라를 포함한 모든 음식에는 칼로리가 있다!'고 항변했습니다. 비만의 원인은 '너무 많이 먹는 행위'에 있다고 말입니다. 본격적인 '탄산음료 전쟁'이 발발한 것입니다.

참고로 뉴욕시는 4인 가족 기준 월평균 세대 수입 2,400달러 미만인 저소득층에게 음식을 구입할 수 있는 '푸드 스탬프'food stamp를 지급하고 있습니다. 이번 뉴욕시의 법안에는 푸드 스탬프로 탄산음료를 구입하는 것을 금지하는 내용도 있었습니다. 그 이유는 저소득층 거주 지역이 고소득층 거주 지역보다 당뇨병 환자가 4배나 더 많은 것으로 분석되었기 때문입니다. 하루 1회 이상 탄산음료를 먹는 사람이 38% 이상인 지역은 푸드 스탬프 이용자 수가 많았으며 비만율이 매우 높았습니다.

이러한 분석에 따라서 블룸버그 시장은 '푸드 스탬프로 탄산음료를 구입할 수 없게 한다면, 영양가 높은 식품을 구입하여 비만과 당뇨병을 억제할 수 있을 것'이라고 시민들에게 호소했습니다. 블룸버그 시장에게 비만 정책은 결코 포기할 수 없는 싸움이었습니다. 이에 대해 미국 음료 협회는 '저소득층에게 불공평한 조치'라는 논리를 표방하며 한 발짝도 물러서지 않았습니다. 음료업계의 막강한 정치력은 싸움의 향방을 불투명하게 만들었습니다. 이러한 탄산음료 전쟁에 대해 브루클린의 슈퍼마켓에서 일하는 스탠리 팜필(27)은 "구매 고객의 80%가 푸드 스탬프 이용자입니다. 블룸버그 시장의 정책은 차별화되었을지 모르지만, 저소득층 사람들은 여전히 탄산음료를 살 것입니다."라며 회의적 반응을 보였습니다.

탄산음료 전쟁은 어떻게 되었을까요? 관할 법원은 탄산음료를 제한하는 법안 발효 하루 전날, 뉴욕시의 정책에 제동을 걸었습니다. 법원은 블룸버그 시장의 제안이 '독단적이고 변덕스러운 조치'라며 뉴욕시의 법안 시행을 중단시켰습니다. 결국 법원이 탄산음료 업계의 손을 들어준 것입니다. 수많은 시민단체의 비판에도 불구하고 법원은 요지부동이었습니다. 이번 전쟁은 미국 탄산음료 업계의 막강한 정치력을 확인하는 계기가 되었습니다.

과거에 비만은 부유층에 많은 것으로 알려졌으나 최근에는 빈곤층에 많다는 사실이 밝혀졌습니다. 이러한 경향은 대부분의 나라에서 발견할 수 있는 공통적인 문제입니다. 빈곤 계층이 손쉽게 구입할 수 있는 식품은 값싼 탄산음료, 감자칩, 과자와 같은 가공식품입니다. 이 정크 푸드는 대부분 고탄수화물 식품입니다. 그들은 고기와 생선 같은 고지방·고단백질 식품은 비싼 식재료여서 구입하기 어려운 상황입니다.

미국은 콜라를 비롯한 탄산음료가 모든 대형 마트의 진열대를 점령하고 있습니다. 특히 미국 남부 지역은 비만율이 매우 높습니다. 비만과 더불어 당뇨병과 고혈압의 발병 비율도 높습니다. 1862년 링컨

대통령의 노예 해방 선언과 1865년 남북전쟁을 통해 흑인들은 인권의 자유를 얻었습니다. 하지만 대다수 가난한 흑인들은 건강의 자유를 얻고 있지는 못하고 있습니다.

세계적으로 당뇨병 환자가 가장 많은 나라는 중국과 인도입니다. 이 나라들의 상황도 다르지 않습니다. 중국 인구에 큰 비율을 차지하는 가난한 농민, 인도의 가장 낮은 계급인 수드라는 기본적으로 정제 탄수화물을 주식으로 먹고 있습니다. 저개발국 방글라데시도 당뇨병이 폭발하고 하고 있습니다. 방글라데시는 강한 회오리 바람을 동반하는 열대성 폭풍 사이클론으로 수해가 빈번하게 발생하고 있습니다. 이에 선진국은 구호 식량을 지원하고 있지만, 구호 식량의 대부분이 빵, 과자, 쿠키와 같은 정제 탄수화물이라는 사실입니다. 안타깝지만 저개발 국가들은 당뇨병의 사이클론을 피하기 어려울 것으로 보입니다.

저탄수화물 식단 VS 저지방 식단

지금 우리는 탄수화물 천국에 살고 있습니다. 하루 세 끼 꼬박꼬박 정제 탄수화물을 마음껏 먹을 수 있으며, 설탕 가득한 과자와 음료를 섭취하는 일상이 계속되고 있습니다. 이러한 상황에서 우리 몸은 포도당 에너지 시스템을 풀가동하고 있습니다. 당연히 몸의 지방을 연소시킬 시간이 없습니다. 인체에 최적화된 에너지원인 지방이 쓰이지 않게 되니, 인체 대사가 흐트러지고 효율적인 에너지 소비가 이루어지지 않고 있습니다.

앞에서 여러 번 강조한 대로 탄수화물을 계속해서 섭취하면 혈당 스파이크를 피할 수 없습니다. 이러한 반복은 우리 몸에 바람직하지 않습니다. 더구나 정제 탄수화물을 과다 섭취하게 되면 혈당 스파이크의 속도는 더욱더 빨라집니다. 고혈당이 반복되고 인슐린은 계속해서 과잉됩니다. 체지방은 공장에서 팔리지 않는 재고처럼 쌓여만 갑니다. 재고의 크기만큼 우리는 점점 뚱뚱해집니다.

게다가 비만해지면 인슐린 효과가 다시 떨어져서 고혈당 상태는 만성이 되고 맙니다. 췌장은 혈당을 내리기 위해 더욱더 많은 인슐린을 다량으로 분비합니다. 악순환이 반복되는 것입니다. 이러한 상태를 '고인슐린혈증'hyperinsulinemia이라고 합니다. 고인슐린혈증은 혈액 내 인슐린 수치가 만성적으로 높은 상태를 의미합니다. 결국 고인슐린혈증은 비만을 영구화하고 당뇨병과 같은 만성 질환 위험을 높입니다.

그렇다면 우리에게 남은 방법은 무엇일까요? 날씬하고 건강해지려면 어떻게 해야 할까요? 바로 식단을 전면 개선해야 합니다. 저지방 식단보다 저탄수화물 식단이야말로 비만 탈출에 효과적입니다. 이 사실은 이미 서구의 역학 연구에서 증명되었습니다. 저탄수화물 식단은 꼭 필요한 만큼만 탄수화물을 섭취하기 때문에 혈당 수치가 오르지 않고 인슐린도 기초 분비 수준을 유지합니다. 탄수화물을 섭취하면 인슐린이 평소보다 10~30배 추가 분비되는 데 반해, 지방을 섭취했을 때는 인슐린의 추가 분비가 거의 없습니다. 비만 호르몬인 인슐린 추가 분비가 없으니 당연히 체지방은 쌓이지 않는 것입니다. 또한 저탄수화물 식단은 인체 본연의 에너지원인 '지방 시스템'을 효과적으로 이용할 수 있기 때문에 체지방을 자연스럽게 연소시킵니다.

다시 말해서 탄수화물을 제한하면 3끼 모두 주식으로 탄수화물을 먹는 사람과는 대사 리듬이 완전히 달라집니다. 저탄수화물 식단은 고단백질 식사이기 때문에 일반적인 식사보다 에너지 소비량이 늘어납니다. 이를 '특이 동적 작용'SDA: specific dynamic action이라고 합니다. 이 현상은 식사할 때 체내에서 영양소가 분해되면서 그 일부가 '열'熱로 소비되는 작용입니다.

쉽게 말해 밥을 먹으면 체온이 올라가는 현상입니다. 이때 소비되는 열량은 섭취하는 영양소에 따라 다릅니다. 탄수화물을 섭취하면 6%, 지방을 섭취하면 4%, 단백질을 섭취하면 30%가 열로 소비됩니다. 따라서 단백질 함량이 높은 저탄수화물 식단은 일반 식사보다 열량 소비가 많습니다. 이에 더하여 지방이 에너지로 전환된 케톤ketones이 필요 이상으로 늘어나면 소변이나 호흡을 통해 배출됩니다. 다만 그 양은 포도당이 만들어질 때 사용하는 에너지에 비해서 소량입니다. 저탄수화물 식단이 체중 감량에 도움이 되는 이유는 다음과 같습니다.

- 인슐린^{비만 호르몬}이 추가로 분비되지 않습니다.
- 지방이 에너지로 사용되기 때문에 지방이 추가로 쌓이지 않습니다.
- 간에서 포도당이 만들어지면서 상당량의 에너지가 소모됩니다.
- 단백질 영양소는 열을 발생시켜 에너지 소비를 증가시킵니다.
- 지방^{케톤}의 일부는 소변과 호흡을 통해서도 배출됩니다.

반대로 주로 탄수화물을 섭취하는 저지방 식단은 정반대의 효과가 발생합니다. 탄수화물로 인해서 혈당이 치솟기 때문에 비만 호르몬인 슐린이 대량으로 분비됩니다. 이로 인해 체내에 계속해서 지방이 쌓이고 간은 포도당 생성을 중단합니다. 또한 소변과 호흡을 통한 지방^{케톤}의 배출이 거의 없습니다. 즉, 저지방 식단을 하면 다음과 같은 상황이 발생합니다.

- 혈당 수치가 치솟아 인슐린^{비만 호르몬}이 다량 분비됩니다.
- 혈당이 중성 지방으로 바뀌어 몸에 지방으로 쌓입니다.
- 간에서 추가적인 포도당을 만들어 내지 않습니다.
- 높은 단백질 식사로 인한 추가적인 열량 소비가 사라집니다.

두 가지 경우를 비교해 보면 저지방 식단보다 저탄수화물 식단이 체중 감량 효과가 매우 크다는 것을 명확히 알 수 있습니다. 체중 감량을 좌우하는 마스터키는 '탄수화물 섭취량'에 달린 것입니다. 살이 찌고 빠지는 원리를 좀 더 살펴보겠습니다. 음식물로 섭취한 에너지가 몸이 소비하는 에너지보다 높으면 살이 찌고, 낮으면 살이 빠집니다. 저지방 식단의 에너지 대사를 정리하면 다음과 같습니다.

소비 에너지 = 기초 대사 + 운동 에너지 + 특이 동적 작용

기초 대사란 살아가는 데에 필요한 최소한의 에너지로 기초 대사량이 높을수록 살이 찌지 않습니다. 활동이 왕성한 젊은이들은 기초 대사량이 높습니다. 그래서 젊은 시절에는 잠만 자도 살이 빠진다는 이야기가 있는 것입니다. 저탄수화물 식단의 에너지 대사를 정리하면 다음과 같습니다.

소비 에너지 = 기초 대사 + 운동 에너지 + 특이 동적 작용 상승
+ 포도당 신생 합성 + 소변과 호흡으로 배출

저탄수화물 식단은 추가적인 에너지 소비가 이루어지는 시스템입니다. 지방이 계속해서 연소하는 상태가 되며 인슐린의 추가 분비가 없습니다. 그래서 체중을 쉽게 빠지게 하는 장점이 있습니다. 이처럼 동일한 칼로리를 섭취하더라도 저탄수화물 식단이 저지방 식단보다 체중 감량 효과가 크다는 것을 알 수 있습니다. 당신은 음식을 충분히 즐기면서 체중을 감량할 수 있습니다.

사례

지긋지긋한 인슐린 주사와 이별하자!

당뇨병 여성(60세)은 공복 혈당 231, 당화 혈색소HbA1c 10.5로 매우 심각한 수준의 상태였습니다. 진료하는 병원에서는 바로 인슐린 주사 처방을 시작했습니다. 인슐린 주사를 '8단위 × 1일 3회' 투여하였습니다. 그러다 같은 해 10월, 그녀는 필자의 책을 구입해서 읽었고 스스로 저탄수화물 식단을 시작했습니다. 그러자 공복 혈당 125, 당화 혈색소 6.1로 증상이 눈에 띄게 개선되었습니다. 인슐린 주사의 용량도 '6단위 × 1일 2회'로 기존보다 줄일 수 있었습니다.

그녀는 제가 근무하는 병원을 직접 방문했습니다. 치료를 시작한 후, 그녀는 인슐린 주사를 '4단위 × 1일 2회'로 인슐린 주사제의 용량을 줄일 수 있었습니다. 6개월 뒤 면밀한 증상 관찰을 위해 병원에 입원했습니다. 혈액 검사 결과는 공복 혈당 137, 당화 혈색소 6.4, 키 156.5cm, 체중 49.4kg이었습니다. 입원 후 5일이 지난 후부터 인슐린 주사를 중단했습니다.

다음 그래프는 이 여성 환자가 저지방 식단탄수화물60%과 저탄수화물 식단탄수화물 12%을 실천했을 때 각각의 혈당 변화를 비교한 것입니다. 저지방 식단의 경우, 인슐린을 주사해도 식후 2시간 혈당 수치는 154, 155, 216으로 높게 나타났습니다. 한편 저탄수화물 식단에서는 인슐린 주사를 중단했음에도 식후 2시간 혈당이 121, 111, 110으로 완전히 정상 수치였습니다.

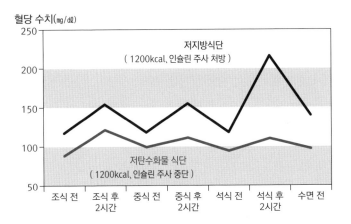

요컨대 탄수화물 섭취 여부에 따라서 식후 혈당은 커다란 차이를 보였습니다. 그녀가 퇴원할 때 환자의 상태는 당화 혈색소 6.2, 다음 해 8월에는 당화 혈색소 6.0으로 정상 수치에 근접했습니다. 이후로 인슐린 주사는 중단하였으며 당뇨 약물도 전혀 복용하지 않고 있습니다. 그녀는 지긋지긋한 인슐린 주사와 헤어질 수 있었습니다.

-💡- 에베 코지 박사의 질문과 답변

Q 저탄수화물 식단이 효과가 떨어지는 경우가 있나요?

A 당뇨병을 앓고 있는 사람은 저탄수화물 식단을 실천하면 식후 혈당이 떨어지며 당화 혈색소가 바로 개선됩니다. 경우에 따라서 탄수화물을 제한한 뒤 기운이 없고 체중이 너무 빠져 걱정이라는 사람이 있습니다. 이 경우는 탄수화물과 더불어 지방과 단백질까지 제한하기 때문에 칼로리가 부족해서 생기는 현상입니다. 해결책은 간단합니다. 지방과 단백질이 풍부한 음식을 충분히 섭취하십시오.

탄수화물을 제한했음에도 체중이 좀처럼 줄지 않는다고 말하는 경우가 있습니다. 이 경우에는 먹고 있는 음식을 살펴봐야 합니다. 탄수화물 함량이 많은 뿌리채소를 너무 많이 먹을 경우에 발생할 수 있습니다. 예를 들어 양파, 당근과 같은 뿌리채소는 생각보다 많은 탄수화물 함량을 가지고 있습니다. 반대로 섭취 칼로리가 많지 않음에도 체중이 잘 안 빠지는 사람도 있습니다. 이 사람들은 '절약 유전자'를 소유한 사람으로 체질적으로 기초 대사가 낮습니다. 기초 대사가 낮기 때문에 체중 감량을 하기 위해서는 저탄수화물과 칼로리 제한을 함께 진행하는 것이 좋습니다.

Q 임신 중에 저탄수화물 식단을 해도 괜찮을까요?

A 간혹 임신한 분들이 태아에 나쁜 영향이 있을까 염려되어 질문하는 경우가 많습니다. 결론부터 말씀드리면, 임신한 사람이 저탄수화물 식단을 해도 아무런 문제가 없습니다. 오히려 임신 중에 혈당 수치가 높으면 유산이나 조산으로 이어지기 쉽습니다. 따라서 혈당을 조절하기 위해서라도 저탄수화물은 효과적인 임산부의 식단이라고 할 수 있습니다.

탄수화물을 섭취하지 않으면 태아 발육의 악영향을 걱정하는 사람도 있습니다. 그런 걱정을 할 필요가 없습니다. 농경 이전의 원시 인류는 399만 년 동안 저탄수화물 식단을 하면서도 임신과 출산 그리고 육아를 문제없이 해왔습니다. 북극에 거주하는 에스키모도 날고기와 날생선 위주의 전통적인 식생활을 고수하면서도 건강한 출산을 계속해 왔습니다. 오히려 서구 식생활로 바뀐 오늘날 각종 만성 질환에 시달리고 있습니다. 저탄수화물 식단은 인류 궁극의 라이프 스타일입니다. 다시 말씀드립니다. 태아에게 아무런 문제가 없으며, 이쁜 아기를 출산하실 것입니다.

📖 에베 코지 박사의 요점 정리

· 만성 질환의 우두머리는 '고혈당과 과다 인슐린'입니다.

· 혈당 스파이크는 치명적 질병의 위험을 높입니다.

· 저탄수화물 식단은 추가로 분비되는 인슐린이 거의 없습니다.

· 저탄수화물 식단은 지방을 계속해서 연소하는 상태가 됩니다.

· 부족한 포도당은 간에서 새롭게 만들어집니다.

· 고단백 식단은 에너지 대사율을 높이고 활발하게 합니다.

· 저탄수화물 식단은 저지방 식단보다 체중 감량 효과가 큽니다.

· 저탄수화물 식단은 세포의 지방케톤 이용 효율을 높입니다.

· 혈액 내 케톤 수치가 높아지더라도 충분히 소모됩니다.

· 탄수화물을 섭취하면 혈당이 급상승하고 비만이 오기 쉽습니다.

탄·헤·결

비만과 당뇨병을 막는 10계명

❶ 육류, 어패류, 두부, 치즈와 같이 단백질과 지방이 주성분인 식품은

맘껏 드셔도 좋습니다.

❷ 정제 탄수화물은 설탕과 다르지 않습니다. 정제 탄수화물과 이별하세요.

❸ 만약 곡물을 먹는다면 현미, 잡곡, 통밀과 같은 비정제 곡물을 드십시오.

❹ 저탄수화물 채소, 해조류, 버섯류는 마음껏 드셔도 괜찮습니다.

❺ 과일은 탄수화물(과당)이 많으므로 되도록 적게 드시기 바랍니다.

❻ 소·양·돼지기름과 같은 건강한 포화 지방을 충분히 섭취하십시오.

❼ 맥주, 양조는 피하고 소주, 위스키와 같은 증류주와 와인을 즐기세요.

❽ 자가용보다는 대중 교통을 이용하세요. 일상이 운동이 되도록 만드세요.

❾ 잠은 재생의 시간입니다. 충분한 잠은 무엇과도 바꿀 수 없습니다.

❿ 공복의 시간은 치유의 시간입니다. 간헐적 단식을 생활화하세요.

'인슐린 저항성' 체크리스트

지금까지 책을 읽으신 독자분들은 인슐린 호르몬이 체중 감량과 만성 질환 치료의 열쇠임을 아셨을 것입니다. '인슐린 저항성'insulin resistance은 만성 질환의 위험한 불씨입니다. 인슐린 저항성이란 말 그대로 인슐린이 우리 몸에서 제대로 작용하지 못하는 상태를 말합니다. 인슐린이 체내에서 잘 작용하면 '인슐린 민감도가 높다'고 하고, 인슐린이 잘 작용하지 못하면 '인슐린 저항성이 생겼다'고 말합니다. 어떤 질병에 항생제가 듣지 않으면, 그 항생제에 대한 내성이 생겼다고 합니다. 인슐린 저항성이란 '인슐린 내성'이라고 할 수 있습니다.

인슐린 저항성이 생기면 췌장은 혈액 속 포도당을 제거하기 위해서 더 많은 인슐린을 분비합니다. 혈중 인슐린 농도가 높아지는 '고인슐린혈증'hyperinsulinemia이 되는 것입니다. 인슐린 저항성은 세포가 포도당을 받아들이기를 거부하는 현상이며, 쉽게 말씀드리면 세포가 건강하지 못하다는 것을 반증합니다. 지금 내 몸 상태가 좋지 못하다는 이상 신호입니다. 아래의 질문에 대해 잠시 자가 체크를 해보시길 바랍니다.

☐ 혈압이 높은 편인가?

☐ 혈당이 높은 편인가?

☐ 중성 지방 수치가 높은가?

☐ 뱃살에 지방이 많은가?

□ 아침에 일어나면 몸이 잘 붓는가?

□ 목, 겨드랑이, 기타 부위에 피부 착색이나 쥐젖이 있는가?

□ 손과 발이 무감각하거나 미세 통증이 느껴지는가?

□ 발기 부전이 있는가?

□ 피로감을 많이 느끼는가?

□ 오십견과 같은 근육통이 생겼는가?

□ 시력이 저하되었는가?

□ 잇몸 염증, 즉 치주염이 발생했는가?

□ 상처가 잘 아물지 않는가?

□ 소변을 자주 보는가?

□ 피부가 건조하거나 가려움증이 있는가?

□ 다낭성 난소 증후군이 있는가?

위 질문들은 인슐린 저항성이 본격화될 때 나타나는 증상들입니다. 위 질문에 Yes라는 답변이 많다면 지금 인슐린 저항성 상태에 있는 것입니다. 한국은 2021년 기준 당뇨병 환자가 600만 명, 당뇨병 전 단계가 1,600만 명입니다. 무려 2,200만명입니다. 성인 인구 중 절반 이상이 인슐린 저항성의 공격에 초토화되고 있습니다. 심각한 상황입니다.

만약 당신이 지금 몸의 이상 신호를 감지했다면 그것은 불행이 아니라 행운입니다. 지금이라도 자각했기 때문입니다. 이 자각을 통해서 변화를 시작하면 됩니다. 이 변화를 통해서 과거보다 더 건강하고 활기찬 당신이 될 수 있습니다. 지금, 저탄수화물 식단을 시작하십시오!

4장

지방을 먹으면 건강하게 장수한다

콜레스테롤은
오랜 시간 공포의 존재였습니다.
의학계는 콜레스테롤이 높으면
심장 혈관을 막아서
치명적 사망을 불러일으킨다고
경고해 왔습니다.
이러한 경고는
현대 의학 최대의 사기극입니다.
콜레스테롤은 너무나 중요한 존재입니다.
좋은 지방을 드십시오.
건강하게 오래 장수할 수 있습니다.

지방, 억울한 누명을 벗다

우리는 오랜 시간 '밥이 보약'이라 배워 왔고 믿어 왔습니다. 동양인들은 '밥심'으로 산다는 말이 흔하게 회자되고 있습니다. 이러한 생각은 우리의 에너지가 탄수화물, 즉 포도당이라는 불변의 믿음으로 어느새 굳어져 버렸습니다. 이러한 잘못된 믿음은 또 다른 편견으로 이어졌습니다. '지방은 몸에 해롭다'라는 명제입니다. '지방을 많이 섭취하면 비만이 된다', '콜레스테롤이 증가하면 혈관이 막힌다', '동물성 기름은 질병을 유발한다'와 같은 주장이 진실인 것처럼 유포되었습니다. 이러한 괴담은 완벽한 오해이자 명백한 거짓입니다.

과학적 연구들은 이러한 거짓된 주장에 일침을 가하고 있습니다. 미국에서 진행된 다음 연구에 주목할 필요가 있습니다. 하나는 미국에서 폐경기 여성 5만 명을 대상으로 8년에 걸쳐 진행된 대규모 추적 조사입니다. 〈미국 의사 협회 저널〉JAMA: The Journal of the American Medical Association, 2006에 다음과 같은 결과가 게재되었습니다.

"지방을 20%로 강력하게 제한한 그룹은 비교 그룹에 비해 심혈관 질환, 유방암, 대장암의 발병 위험이 전혀 낮아지지 않았다."

다음은 하버드대학 연구팀이 미국의 여성 간호사 82,802명을 20년간 추적한 연구 보고서입니다. 〈뉴잉글랜드 의학 저널〉NEJM: The New England Journal of Medicine, 2006에 다음과 같은 연구 결과가 게재되었습니다.

"탄수화물을 줄이고 지방과 단백질이 많은 식사를 지속했으나, 관상 동맥 질환의 발병 위험은 높아지지 않았다."

두 의학 잡지는 세계적으로 가장 권위 있는 의학 전문지로 엄격한 심사를 통과한 신뢰성 높은 논문만을 게재하고 있습니다. 이들 연구를 통해 지방은 암과 심혈관 질환에 해로운 영향을 끼치지 않는다는 사실이 밝혀졌습니다. 지방이 드디어 억울한 누명을 벗은 셈입니다.

미국 전역에 걸쳐 진행된 〈건강 실태 조사〉NHANES를 살펴보겠습니다. 비만과 당뇨병의 원인이 지방이 아니라 탄수화물 과다 섭취에 있다는 사실은 그래프에서도 명확히 확인할 수 있습니다. 이 조사는 총 섭취 칼로리당 지방과 탄수화물이 차지하는 비율과 비만의 상관관계를 살펴본 것입니다.

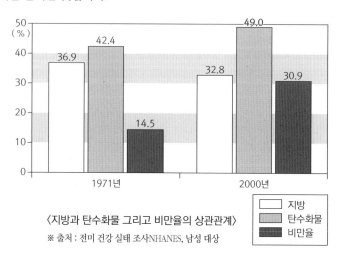

〈지방과 탄수화물 그리고 비만율의 상관관계〉
※ 출처 : 전미 건강 실태 조사NHANES, 남성 대상

30년간의 추적 조사 결과, 총 섭취 칼로리 중 지방 섭취 비율이 감소했음에도 비만율은 200% 증가했습니다. 30년 동안 높은 비율로 증가한 것은 '탄수화물의 비율'입니다. 1960년대에는 선진국을 중심으로 정부와 민간이 함께 범세계적인 '지방 줄이기 운동'을 벌였습니다. 미국은 국가 차원에서 총 칼로리에서 지방 섭취 비율을 줄여 나갔고, 30년 만에 36.9%에서 32.8%로 낮추었습니다.

하지만 미 보건당국은 예상치 못한 결과에 맞닥뜨리고 말았습니다. 목표한 대로 지방은 감소했지만 비만은 오히려 증가했기 때문입니다. 예를 들어, 당뇨병은 1995년에 800만 명이던 숫자가 2005년에는 2,080만 명으로 급상승하였습니다. 불과 10년 사이에 2.5배를 넘어섰습니다. 국가 차원에서 대대적인 지방 섭취 감소 캠페인을 벌였음에도 불구하고, 비만과 당뇨병 예방에는 전혀 도움이 되지 않았던 것입니다. 지방 섭취가 감소했지만 탄수화물 섭취의 비율은 대폭 증가하였습니다. 1971년에 탄수화물 섭취 비율은 42.4%지만 2000년에는 49.0%로 6.6%나 증가했습니다. 즉, 미국에서 수십 년간 진행한 〈건강 실태 조사〉가 의미하는 것은 비만과 당뇨병을 부르는 주범이 '탄수화물'이라는 것을 보여주고 있습니다.

지방을 먹으면 더 오래 산다

지방은 오랜 시간 억울한 누명을 쓰고 비난의 화살을 받아왔습니다. 이제 '지방은 몸에 해롭다'는 헛소리는 용도폐기해야 마땅합니다. 저탄수화물 식단은 고지방과 고단백질 음식이 주인공입니다. 그렇다면 우리는 지방을 얼마나 먹어야 할까요? 시바타 히로시 박사의 저서 〈일본인의 이상한 영양 상식〉에서 그 실마리를 찾아보도록 하겠습니다. 히로시 박사는 이 책에서 전 세계 137개국 남성의 지방 소비량과 평균 수명의 관계를 그래프로 분석하였습니다.

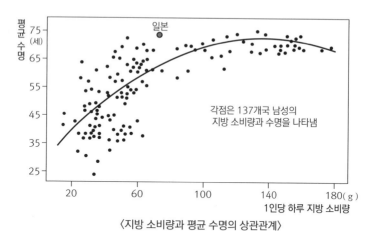

〈지방 소비량과 평균 수명의 상관관계〉

※ 출처 : Sinnet P & Lord S. Proceeding of 2nd Regional Congress
International Association of Gerontolgy, Asia/Oceania Region. 1983

그래프를 살펴보면, 평균 수명은 하루 지방 소비량1인당 125g까지 계속 늘어나는 것을 알 수 있습니다. 즉, 지방과 수명은 정비례 관계를 보이고 있습니다. 지방 소비량이 125g을 초과하면 수명은 아주 완만하게 줄어들기 시작합니다. 재미있는 것은 지방 소비량 140g~180g인 국가들도 55g 이하인 국가들에 비하면 평균 수명이 월등히 높다는 사실입니다. 지방 소비량 55g 이하 국가들의 평균 수명은 55세를 밑돌고 있습니다. 지방 소비량 125g인 국가는 평균 수명이 75세로 가장 높았으며 180g인 국가는 평균 70세를 보이고 있습니다.

히로시 박사는 '지방 섭취 부족이 평균 수명을 낮추는 결정적인 요인'이라고 결론짓고 있습니다. 더불어 하와이에 거주하는 일본계 주민들의 데이터를 함께 언급하고 있습니다. 하루 지방 섭취량이 40g 미만이면 뇌졸중으로 인한 사망률과 총사망률이 매우 높아지는 것을 발견했습니다. 그는 지방 소비량과 평균 수명과의 관계를 규명해서 괄목할 만한 성과를 보였습니다.

물론 실제 지방 소비량과 실제 지방 섭취량은 다릅니다. 예를 들어 2003년 〈유엔 식량 농업 기구〉FAO 보고에 따르면 일본의 하루 지방 소비량은 86.2g인 데 반해, 〈국민 영양 조사〉에서 밝혀진 실제 지방 섭취량은 54g으로 밝혀졌습니다. 즉, 음식이 풍부한 국가에서는 식량을 폐기하는 분량이 많다는 의미입니다.

따라서 실제 지방 섭취량은 공급량의 60~80%로 보는 것이 타당할 것으로 보입니다. 〈유엔 식량 농업 기구〉의 자료에는 섭취량에 관한 데이터가 없기 때문에 추론에 근거해야 합니다. 제 생각에 지방 공급량 125g에서 최고의 평균 수명을 보인다면, 하루 최적의 지방 섭취량은 75~100g이라고 생각합니다. 건강하게 오래 살기를 원하나요? 그렇다면 건강한 지방의 섭취를 늘리십시오.

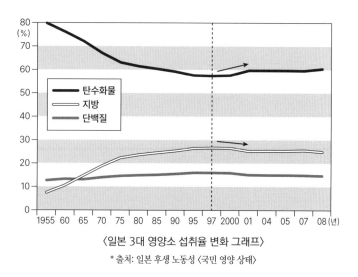

〈일본 3대 영양소 섭취율 변화 그래프〉

* 출처: 일본 후생 노동성 〈국민 영양 상태〉

일본 후생 노동성의 〈국민 영양 상태〉 통계자료를 살펴보겠습니다. 히로시 박사의 그래프와 비교해 보면 유의미한 상관관계를 읽어낼 수 있습니다. 과거부터 의사와 영양학자들 사이에서는 비만과 당뇨병이 급증한 원인을 탄수화물 섭취가 줄어들고 지방 섭취가 늘어났기 때문이라고 분석해 왔습니다. 육류와 단백질 공급이 만성 질환을 더욱 전파했다는 것입니다.

하지만 그래프에서 알 수 있듯 탄수화물의 비율은 1997년을 기점으로 완만하게 증가하고 있습니다. 반대로 지방은 1997년을 정점으로 완만하게 감소하고 있습니다. 지방 과다 섭취는 절대 질병의 근본 원인이 아닙니다. 정제 탄수화물과 정크 푸드 위주의 현대 식단은 혈당 지수를 끝없이 올리고 있습니다. 이제 만성 질환의 책임을 지방에 뒤집어 씌우는 행위는 중단되어야 합니다. 비만과 당뇨병에 대한 진정한 대책이 무엇보다 절실한 시점입니다.

우리 몸은 하이브리드 시스템 - 포도당 vs 지방

이제 비만, 당뇨병, 동맥 경화 등 만성 질환의 원인은 지방이 아니라 탄수화물임을 이해할 수 있을 것입니다. 이러한 이해를 바탕으로 만들어진 다이어트가 바로 '저탄수화물 식단'입니다. 우리는 고지방·고단백질 식사를 통해 건강하게 체중을 감량할 수 있습니다. 가장 큰 이유는 저탄수화물 식단이 우리 몸의 신진대사를 좋아지게 하기 때문입니다. 인간은 외부로부터 받아들인 음식물을 세포와 조직 내 화학 반응을 통해 다양한 물질로 분해하고 합성하여 필요한 에너지로 바꿉니다. 신진대사가 좋다는 것은 영양소를 태워 에너지로 만드는 기능이 활발하게 작용한다는 뜻이기도 합니다.

그렇다면 어째서 탄수화물을 제한하면 신진대사가 좋아지는 걸까요? 이 부분은 대단히 중요합니다. 인간의 에너지 시스템에 대한 이해가 필요하기 때문입니다. 먼저 인체의 에너지 시스템을 살펴보겠습니다. 우리는 생존을 위해서 반드시 에너지가 필요합니다. 우리의 몸은 다음 2가지 에너지 시스템으로 운영되고 있습니다.

포도당 에너지 시스템 + 지방 에너지 시스템

우리 몸은 기본적으로 포도당을 에너지로 사용하는 '포도당 시스템'입니다. 그리고 또 하나의 에너지 시스템이 있습니다. 지방을 에너지원으로 사용하는 '지방 시스템'입니다. 음식물로 섭취된 지방은 우리 몸에서 '케톤'ketones이라는 물질로 변환되어 에너지로 활용됩니다.

아직 일부 사람들은 우리 몸의 에너지는 포도당뿐이라고 생각하는 경향이 있습니다. 어떤 이는 뇌는 포도당만을 에너지원으로 사용한다고 말하기도 합니다. 이것은 사실이 아닙니다. 지방은 바로 뇌의 에너지로 쓰일 수 없지만 지방이 간에서 변환된 케톤은 대사 과정을 통해 매우 작게 분해되어 뇌의 훌륭한 에너지원으로 사용됩니다. 체내에 유입된 포도당은 글리코겐glycogen으로 전환되어 저장됩니다. 글리코겐은 간과 근육에 축적된 포도당의 저장 창고입니다. 체내에 흡수된 지방과 포도당은 중성 지방과 글리코겐이라는 형태로 우리 몸에 저장되어 언제든지 에너지원으로 활용할 수 있습니다.

물론 사람마다 에너지의 저장량은 다릅니다. 지방은 저장에 제한이 없지만, 포도당글리코겐은 저장 용량에 제한이 있습니다. 예를 들어 체중 70kg, 체질량 지수 20%인 사람을 살펴보겠습니다. 이 사람의 체지방은 14kg으로 126,000kcal, 글리코겐은 500g으로 2,000kcal의 에너지를 저장할 수 있습니다. 참고로 저장 에너지를 계산하면 다음과 같습니다.

체지방 : 14,000g × 지방1g(9kcal) = 126,000kcal

글리코겐 : 500g × 포도당1g(4kcal) = 2,000kcal

지방은 포도당과 비교가 되지 않을 정도로 많은 에너지를 몸에 저장할 수 있습니다. 무려 '63배'입니다. 이러한 에너지 저장 용량의 차이는 무엇을 말하는 걸까요? 인류는 진화 과정에서 일상적으로는 지방을 태워 생활했다는 것입니다. 반면에 격렬한 움직임이 필요한 비상 상황에는 포도당을 에너지원으로 이용해 온 것입니다. 인간의 몸을 자동차에 비유하면 주 연료에 해당하는 것이 지방이며, 긴급 상황에 터보 엔진의 원료가 되는 것이 포도당입니다.

지방 에너지 시스템의 본질은 느리지만 일상생활의 주요 에너지원입니다. 우리는 외부에서 음식물 섭취가 없어도 물만 있다면 생존할 수 있습니다. 당신의 체지방이 10kg이라면 매일 1,600kcal를 소비하면서 두 달을 살 수 있습니다. 이 생존의 비결이 바로 '지방'이라는 에너지원 덕분입니다. 우리는 안정적인 상태와 일상생활에서 지방을 주요 에너지원으로 사용합니다. 적혈구를 제외한 모든 세포는 지방 에너지 시스템을 이용할 수 있는 미토콘드리아를 갖고 있습니다. 미토콘드리아는 세포 내에 존재하는 에너지 발전소로, 간과 심장에는 세포 한 개에 2,000~3,000개가 존재합니다.

한편 포도당 에너지 시스템의 본질은 '신속하지만 적은 양의' 에너지원으로 긴급 상황에 쓰입니다. 일상생활에서 포도당을 주 에너지원으로 이용하는 인체 시스템은 적혈구와 같은 특수한 세포뿐입니다. 글리코겐이 소량밖에 축적되지 않는다는 점을 고려하면 포도당은 많은 양을 섭취할 필요가 없습니다. 가장 많은 에너지를 사용하는 심장이 지방을 주원료로 사용하는 것이 이해될 것입니다. 만약 심장이 포도당을 중심으로 움직인다면 잠자는 동안 에너지가 고갈되어 심장이 멈출 수도 있습니다. 모든 세포는 포도당과 지방을 모두 에너지원으로 사용함을 기억해 주십시오.

지방은 청정의 에너지다

인체의 에너지 시스템은 포도당과 지방이라는 2가지 양대 산맥으로 운영된다고 말씀드렸습니다. 지방 시스템은 지방을 직접적으로 활용하는 것이 아니라, 간에서 지방이 케톤ketones이라는 에너지로 변환되어 주로 활용됩니다. 일반인들에게 아직 케톤이라는 단어는 익숙하지 않을 수 있습니다. 특히 당뇨병을 앓고 있는 사람은 케톤이라는 단어를 예민하게 받아들일 수도 있습니다. 왜냐하면 혈액의 케톤 농도가 높아지는 현상이 당뇨병 악화의 신호로 알려져 있기 때문입니다. 하지만 케톤은 포도당보다 훨씬 안전하며 세포에서 자유로이 사용할 수 있는 훌륭한 에너지원입니다.

케톤은 간에서 만들어지며 각종 장기, 뇌, 근육의 에너지원으로 사용됩니다. 탄수화물 중심 식단을 할 경우, 혈중 케톤 수치는 대략 0.02~0.12M/L몰/리터입니다. 당신은 이미 케톤을 일상적인 인체의 에너지로 사용하고 있습니다. 가장 많이 활용하는 시간은 언제일까요? 바로 '잠자는 시간'입니다. 잠자는 시간은 음식물을 먹지 않기 때문에 몸 안에 저장된 글리코겐과 지방을 활용하기 때문입니다.

케톤은 포도당보다 안전합니다. 단식 중이거나 저탄수화물 식단 초기에는 혈중 케톤 수치가 3~4로 기준치의 30~40배까지 상승합니다. 하지만 인슐린 호르몬이 정상적으로 작용하는 한 이러한 케톤 수치는 생리적으로 지극히 안전한 현상입니다. 일시적으로 혈액의 산성도가 높아질 수 있지만 인체의 조절 작용에 의해 정상으로 되돌아옵니다. 농업사회 이전의 인류는 지방을 주된 에너지로 활용했기에 이와 같은 수치를 반복했을 것입니다. 하지만 전혀 혈관에 손상이 가지 않았습니다.

한편, 혈중 포도당 기준치는 공복일 때 60~109입니다. 식후에 혈당 수치가 180을 넘어가기 시작하면 즉각적으로 혈관 내벽이 손상되기 시작합니다. 이러한 혈관 손상은 산화 스트레스를 유발하고, 이러한 과정이 반복되면 동맥 경화증의 결정적인 원인이 됩니다. 또한 혈당이 높으면 태아에 치명적인 영향이 있다는 것이 밝혀졌습니다. 혈당이 300 이상으로 올라가면 태아의 생명에 위협을 줄 수 있습니다. 그런데 모유를 먹는 유아의 케톤 수치를 살펴보면 놀라운 현상을 발견할 수 있습니다. 신생아의 케톤 수치는 0.3~0.4로 성인의 기준치보다 훨씬 높다는 사실입니다.

저탄수화물 식단을 하면 케톤 수치가 기준치보다 높아집니다. 저는 2002년부터 슈퍼 저탄수화물 하루 탄수 30~60g 제한 식단을 하고 있습니다. 20년이 넘은 셈입니다. 제 혈중 케톤 수치는 0.4~1.2이며 일반 기준치보다 높은 편입니다. 하지만 동맥 혈관의 산성도는 pH 7.45로 매우 정상이며 소변의 케톤 반응도 음성입니다. 제 케톤 수치가 높은 까닭은 근육 세포가 케톤을 충분히 이용하여 신장의 재흡수율을 높이기 때문이라고 판단하고 있습니다.

아마도 제 케톤 수치는 수렵과 채집을 생업으로 삼았던 원시인류의 케톤 수치와 비슷할 것이라고 생각합니다. 날고기와 활어를 주식으로 하는 에스키모의 케톤 수치와도 비슷할 것입니다. 서구화되기 전 에스키모는 저탄수화물 식단을 통해서 건강하게 임신 및 출산, 육아를 해왔습니다. 이러한 사실은 케톤의 안정성을 뒷받침하는 가장 확실한 역사입니다.

당뇨병과 케톤의 관계를 바로잡자

단식과 저탄수화물 식단을 할 때 케톤 수치가 증가하는 것은 인슐린이 정상적으로 작동되는 경우에는 자연스러운 현상임을 강조했습니다. 하지만 '당뇨병성 케톤산증'diabetic ketoacidosis은 케톤이 비정상적으로 상승하는 현상이기 때문에 긴급 입원이 필요한 중대한 상황입니다. 당뇨병은 인슐린의 작용이 무너져 포도당을 세포 안으로 원활하게 받아들이지 못하는 병입니다. 이 때문에 만성 고혈당 상태가 됩니다.

심각한 당뇨병의 증상은 다음과 같습니다. 갈증渴症, 다음多飮, 다뇨多尿, 복통腹痛, 구토嘔吐, 탈수脫水, 의식불명意識不明 등의 증상을 보이며 혈당 수치가 300~500 이상인 상태입니다. 이러한 상황에서 소변 검사를 통해 높은 케톤 수치가 확인되면 '당뇨병성 케톤산증'으로 진단합니다. 이러한 경우는 혈중 케톤 수치가 매우 높기 때문에 생리 식염수를 정맥 주사하고 고용량으로 인슐린을 투여하는 긴급 치료가 필요합니다. 당뇨병성 케톤산증은 인슐린 작용이 깨지면서 인체의 대사 균형이 망가진 상태입니다. 다시 강조합니다. 인슐린 호르몬의 불균형이 모든 문제의 출발점입니다.

제가 말하고 싶은 핵심은 비정상적인 케톤 수치는 시작이 아니라 어디까지나 결과라는 사실입니다. 지금까지 주류 의학계에서는 높은 케톤 수치가 마치 당뇨병의 시작이며 원인인 것처럼 오해했습니다. 인슐린 호르몬이 정상적으로 유지되는 경우, 케톤은 지극히 안전한 물질입니다.

하지만 인슐린 호르몬 작용이 제대로 작동되지 않으면 케톤은 산성 물질이기 때문에 결과적으로 '산증'酸症이 되는 것입니다. '산증'은 혈액이 산성화되는 것을 말합니다. 즉, '당뇨병성 케톤산증으로 케톤 수치가 높아진다'는 것은 인슐린 작용 결여가 반드시 전제되는 질병입니다. 제1형 당뇨환자에게 드물게 나타나거나 인슐린 주사를 중단했을 때 일어나는 경우가 대부분입니다. 제2형 당뇨병에서는 탄산음료 과다 섭취로 인해 이른바 '페트병 증후군'Soft Drink Ketosis으로 증상이 발생할 수 있습니다.

하지만 단식과 저탄수화물 식단으로 인한 '케톤 수치 상승'은 일어나며, 인슐린 호르몬이 정상적으로 작동하는 일반인의 경우에는 전혀 문제가 되지 않습니다. 단식 초기에도 케톤 수치 상승은 전혀 문제가 되지 않습니다. 건강한 사람이 격렬한 운동을 했을 때도 혈액 내 케톤이 일시적으로 증가합니다. 그럼에도 전혀 문제가 생기지 않습니다. 자연스러운 생리적 현상일 뿐입니다.

콜레스테롤 수치를 두려워하지 마라

'콜레스테롤'cholesterol은 오랜 시간 공포의 단어였습니다. 의학계는 콜레스테롤이 높으면 심장혈관과 뇌혈관을 막아서 치명적 사망을 불러일으킨다고 경고해 왔습니다. 이러한 경고는 콜레스테롤을 어두운 감옥으로 내몰았습니다. 콜레스테롤에 대한 두려움은 우리 모두에게 덧난 상처처럼 각인되어 왔습니다.

다행스럽게 최근에는 콜레스테롤에 대한 공포가 근거 없는 허구라는 사실이 받아들여지고 있습니다. 콜레스테롤은 우리 몸에 반드시 필요한 물질입니다. 세포막, 담즙, 남성과 여성 호르몬의 중요한 구성 요소입니다. 또한 비타민D는 콜레스테롤에서 만들어집니다. 매우 중요한 역할을 하므로 우리 몸은 대부분75~85%의 콜레스테롤을 자체적으로 생산하고 있습니다.

일반적으로 LDL low-density lipoprotein 콜레스테롤은 나쁜 콜레스테롤, HDL high-density lipoprotein 콜레스테롤은 좋은 콜레스테롤이라 불립니다. 편의상 이러한 구분을 하고 있지만, 콜레스테롤에 대한 연구는 더욱 깊어져야 합니다. 예를 들어 LDL 콜레스테롤이 왜 나쁜지에 대해서는 아직 명확하게 밝혀지지 않았습니다. 정상 범위의 LDL은 40%의 콜레스테롤을 함유하고 있으며 이를 말초 조직으로 운반하는 중요한 역할을 수행합니다. HDL은 말초 조직 세포에서 여분의 콜레스테롤을 회수해 간으로 운반합니다. 중요한 것은 LDL과 HDL 콜레스테롤 모두 인체에 필수적인 성분이라는 사실입니다.

실제로 아오모리 현립 보건대학 사가이 마사루 교수 연구팀이 〈일본 동맥 경화 학회〉에 보고한 조사2005와 홋카이도대학 사쿠마 이치로 교수 연구팀이 〈일본 순환기 학회〉에 보고한 분석을 보면 '총 콜레스테롤 수치와 심근 경색은 무관하다'는 사실이 밝혀졌습니다. 이러한 연구 결과를 근거로 〈일본 동맥 경화 학회〉는 '총 콜레스테롤 수치를 고지혈증의 진단 기준에서 제외한다'는 새로운 가이드라인2007을 발표했습니다. 놀라운 변화입니다.

콜레스테롤이 문제가 되는 경우는 어떤 경우일까요? 콜레스테롤이 동맥 경화증 위험 요인으로 문제가 되는 것은 HDL 콜레스테롤이 '낮으며' 동시에 LDL 콜레스테롤이 '높은' 사람입니다. 특히 LDL 콜레스테롤에서 정말 문제가 되는 것은 '작고 밀도가 높은 LDL'소립자 LDL과 '산화 LDL'손상된 LDL입니다. 소립자 LDL은 산화 LDL로 변성되기 쉬운 위험한 존재입니다. 산화 LDL이 혈액 속에 생성되면 우리 몸은 이를 이물질로 인식합니다. 그러면 나쁜 세포를 먹어 치우는 대식 세포라는 면역 세포가 이를 처리하기 위해 모여듭니다. 산화 LDL을 먹어 치운 대식 세포는 힘이 다해 죽게 됩니다. 그 대신 세포의 잔해가 혈관 벽에 들러붙어 혈전으로 점점 쌓여 나가게 됩니다.

이러한 혈전이 점점 두꺼워지면서 죽상 동맥 경화를 일으키고 심근 경색을 유발하는 것입니다. 산화하지 않은 LDL은 이물질이 아니므로 혈관 벽에 장애를 일으키지 않습니다. 중성 지방 수치가 높고 HDL 콜레스테롤 수치가 낮은 사람은 소립자 LDL과 산화 LDL이 많을 가능성이 높습니다. 한편 HDL 콜레스테롤이 높고 중성 지방이 낮은 사람은 소립자 LDL과 산화 LDL이 많지 않기 때문에 위험하지 않습니다.

탄수화물을 제한하면 체내 중성 지방은 감소하고 HDL 콜레스테롤은 증가합니다. HDL 콜레스테롤 수치가 높을수록 심근 경색과 암 발생 위험이 줄어듭니다. 현재까지 개발된 약물로는 HDL 콜레스테롤 수치를 높이는 것은 쉽지 않습니다. HDL 수치를 높이는 방법은 무엇일까요? 바로 '저탄수화물 식단'입니다.

체중이 줄어들고 간 수치가 좋아지다

독자의 목소리

신장 181cm, 체중 120kg로 비만 남성이었습니다. 혈액 검사 결과는 '중성 지방 130, GOT 88, GPT 205, 감마-GTP 176 그리고 지방간 판정'을 받았습니다. 특히 간 수치가 모두 정상 범위를 넘어선 상태였습니다. 상황을 변화시켜야 했습니다. 저는 저지방 식단을 시작했고 체중은 1년 만에 100kg 전후까지 줄어들었습니다. 다시 혈액 검사를 진행했고 당연히 건강 상태는 호전되었을 것으로 기대했습니다.

하지만 혈액 검사 결과는 그렇지 않았습니다. '중성 지방 288, GOT 87, GPT 146, 감마-GTP 140' 모든 항목에서 좋지 못한 결과가 나왔습니다. 체중은 20kg이나 감량했으나 중성 지방 수치가 무려 288까지 치솟았습니다. 기대는 철저하게 배신당했고 마음은 매우 심란했습니다. 담당 의사는 혈액 검사 결과에 대해 구체적인 조언을 해주지 않았습니다. 불안한 마음에 다른 대학 병원을 찾아가 진찰받았습니다.

그런데 말입니다. 대학 병원 담당의가 '저탄수화물 식단'에 대해 설명해 주었습니다. 자신도 직접 저탄수화물 식단을 실천하고 있다고 말씀해 주셨습니다. 저는 집에 돌아와 에베 코지 박사님의 책과 블로그를 자세히 읽어보았습니다. 그리고 저탄수화물을 직접 실행에 옮겼습니다. 한 달 만에 놀라운 경험을 하게 되었습니다. 체중이 감량되고 혈액 검사 수치가 낮아진 것입니다. 중성 지방과 감마-GTP는 한 달 만에 정상 수치가 되었습니다.

	2월 25일	3월 22일
몸무게	102kg	96kg
중성 지방	288	94
GOT	87	50
GPT	146	122
감마-GPT	140	64

음식은 소고기, 닭고기, 돼지고기 가리지 않고 마음껏 즐겼습니다. 기름진 스테이크도 엄청나게 먹었지요. 가족들은 걱정스러운 눈빛으로 저에게 이렇게 물었습니다.

"그렇게 고기를 많이 먹어도 정말 괜찮은 거야?"

그런데 지방 가득한 음식을 실컷 먹었음에도 중성 지방은 놀랍게 떨어졌습니다. 아직 모든 수치가 완벽하게 정상화된 것은 아닙니다. 이제, 시작이라는 생각이 듭니다. 지방간이 완전히 나을 때까지 저탄수화물 식단에 매진할 생각입니다. 저는 워낙 먹는 걸 좋아해서 저지방 식단에 적응하지 못했습니다. 하지만 지금은 제가 좋아하는 음식을 먹을 수 있어 행복합니다. 다만 좋아하는 라면과 이별하는 것은 솔직히 힘듭니다. 지방간이 치유되면 가끔은 라면과의 만남도 괜찮겠죠? 그날을 손꼽아 기다려 봅니다.

저자의 코멘트

한 달 만에 놀라운 성과를 경험하셨군요. 지방간은 지나친 탄수화물 섭취가 부른 인슐린 과다 분비가 원인이라고 생각합니다. 최근에는 여러 연구를 통해 '비알콜성 지방간'NAFLD:Non-alcoholic Fatty Liver Disease에 대한 인식이 많이 바뀌었습니다. B형 바이러스와 C형 바이러스 뿐만 아니라 비알콜성 지방간에 의해서도 간에 문제가 발생할 수 있습니다. 이러한 과정을 단순화하면 다음과 같습니다.

간에 지방 축적 → 비알코올성 지방간 → 간경변 → 간암

지방간, 내장 비만, 대사 증후군 모두 지나친 탄수화물 섭취로 인한 인슐린 과다 분비가 근본 원인이라 봅니다. 내장 비만과 대사 증후군이 되면 인슐린 저항성이 생깁니다. 혈당 수치를 정상으로 유지하려면 평소보다 인슐린 분비량이 증가하게 됩니다. 그러면 다시 지방간, 내장 비만 그리고 대사 증후군이 진행되는 악순환에 빠집니다.

인슐린은 비만 호르몬으로 불립니다. 저탄수화물 식단을 실천하면 인슐린은 적은 양만 필요하기 때문에 인슐린 과다 분비로 인한 악순환을 끊을 수 있습니다. 자연스럽게 중성 지방도, 간 기능도 모두 개선됩니다. 저탄수화물 식단을 알려주신 대학 병원 의사를 만나게 되어 천만다행입니다. 지금처럼 마음껏 스테이크도 먹으면서 즐거운 저탄수화물을 지속하시기를 바랍니다. 오래지 않아 지방간은 정상으로 돌아오리라 믿어 의심치 않습니다.

에베 코지 박사의 질문과 답변

Q **탄수화물을 줄이면 저혈당이 일어나지 않을까요?**

A 걱정하지 마십시오. 저탄수화물 식단을 실천하면 고혈당은 개선되지만, 저혈당은 일어나지 않습니다. 당뇨병에 걸린 사람과 평소 혈당이 정상인 사람, 모두 마찬가지입니다. 간경변 등으로 이상이 있지 않는 한 우리 몸은 필요한 포도당을 간에서 생산포도당 신생 합성합니다.

농경이 시작되기 이전 인류는 탄수화물을 거의 섭취하지 않았습니다. 그런데도 포도당 부족으로 문제를 겪지 않았다는 사실은 이를 뒷받침합니다. 원시 인류는 오랜 기간 식량이 부족한 상태에서도 포도당을 만들어 내는 구조로 진화해 왔습니다. 인간의 몸은 생존에 반드시 필요한 콜레스테롤과 포도당을 음식물에 의존하지 않고 간에서 만들어 냅니다. 당신이 잠자는 동안에도 우리 몸은 간에서 포도당을 합성하여 일정한 혈당 수치를 유지하고 있습니다.

Q **골다공증이 생기지는 않을까요?**

A 반대입니다. 골다공증은 뼈가 약해지는 질병으로 특히 갱년기 이후 여성에게 많이 나타납니다. 평소에 운동을 많이 하고 칼슘을 충분히 섭취해야 예방할 수 있습니다. 탄수화물을 제한하다 보면 칼슘

섭취 문제를 걱정하는 사람이 있습니다. 하지만 생선, 새우, 해조류, 콩, 치즈, 견과류에는 칼슘이 풍부합니다. 저탄수화물로 인한 칼슘 부족은 걱정할 필요가 없습니다.

오히려 반대의 연구가 보고되고 있습니다. 단백질은 골다공증 예방과 뼈 골절 예방에 효과적이라는 연구도 쏟아지고 있습니다. 이처럼 상반된 의견을 둘러싸고 30년 이상 논쟁이 계속되어 왔습니다. 그런데 이 논쟁에 마침표를 찍을 만한 연구 논문이 발표되었습니다. 55~92세 572명의 여성과 388명의 남성을 대상으로 4년간 추적 관찰한 연구 2002입니다. 연구 결과, 여성은 동물 단백질을 섭취했을 때 골다공증이 감소했으며, 남성은 유의미한 차이를 보이지 않았습니다. 결론적으로 단백질 섭취는 골다공증을 유발하지 않습니다.

📖 에베 코지 박사의 요점 정리

- 좋은 지방은 관상 동맥 질환을 일으키지 않습니다.
- 비만의 주범은 지방이 아니라 과다 탄수화물입니다.
- 좋은 지방 섭취를 늘리면 평균 수명이 늘어납니다.
- 지방케톤은 일상 생활에서 사용되는 인체의 주요 에너지원입니다.
- 뇌는 지방케톤을 언제든지 에너지로 사용할 수 있습니다.
- 우리 몸은 포도당과 지방케톤을 함께 사용하는 하이브리드 에너지 시스템입니다.
- 혈액 내 케톤이 증가해도 인슐린 작용이 정상으로 유지되고 있다면 안전합니다.
- 포도당은 긴급 상황에 사용되며, 지방은 일상에서 사용되는 에너지원 입니다.
- 콜레스테롤 수치의 공포에 벗어나십시오.
- 콜레스테롤은 우리 몸에 반드시 필요한 물질입니다.
- 위험한 콜레스테롤은 산화 LDL과 소립자 LDL입니다.
- LDL 콜레스테롤을 높이는 가장 큰 요인은 '인슐린 저항성'입니다.

콜레스테롤과 현대 의학 최대의 사기극

80년 말부터 90년 초까지 한국 사회는 연쇄 살인범에 대한 공포에 휩싸여 있었습니다. 일명 '화성 연쇄 살인 사건'이 그것입니다. 화성에 사는 여성을 대상으로 10여 건의 성폭행과 살인이 벌어졌습니다. 사법 당국은 살인범을 잡기 위해 수사 인력 205만 명연인원이 투입되었고 2만 명이 넘는 용의자가 수사받았습니다. 하지만 살인범은 안개처럼 잡히지 않고 수사 당국은 시민들로부터 질타를 받았습니다. 이 와중에 연쇄 사건을 모방한 살인범 Y(22세)가 구속8차사건되었습니다. 그는 화성 연쇄 살인 사건을 모방해서 범행을 저질렀으며 수사 당국에 범행 일체를 자백했습니다. 담당 수사관 5명은 1계급 특진하였고 범인 Y는 무기 징역을 선고받았습니다. 그는 20년 복역 후 모범수로 출소하였습니다. 훗날 모방 범죄8차사건의 진범도 연쇄 살인범 '이춘재'임이 밝혀졌습니다. Y는 훗날 방송사의 인터뷰에서 이렇게 밝혔습니다.

· Y : 나는 죽이지 않았어요.

· 방송사 : 그런데 왜 자백하셨어요?

· Y : 그때 자백을 하지 않았다면, 지금 이 세상에 없었을 거예요.

그는 경찰의 악랄한 고문 수사로 허위 자백을 했던 것입니다. Y는 소아마비 장애인이었으며 초등학교 중퇴 학력을 갖고 있었습니다. 살인범의 누명을 씌우기 쉬운 사회적 약자였던 것입니다. 실제 화성 연쇄 살인 사건의 수사 과정에서 3명이 자살을 했으며 1명은 고문 후유증으로 사망했습니다. Y는 20년 동안 살인자의 누명을 쓰고 감방에 갇혀 있었던 것입니다. 슬픈 사실은 사건을 조작했던 담당 수사관들은 아무도 처벌받지 않았다는 사실입니다. 인간의 역사를 살펴보면 안타까운 누명의 역사는 하늘의 별만큼 많습니다.

현대 의학은 어떨까요? 누명의 역사에서 자유로울까요? 멀리 갈 필요도 없습니다. 대표적인 사례가 바로 '콜레스테롤과 포화 지방에 대한 공포'입니다. 우리는 아직 '동물성 포화 지방을 먹으면 혈관이 막혀서 심장이 멈춘다'는 이야기에 너무나도 익숙합니다. 이 괴담은 어디서 시작되었을까요? 주인공은 미국의 안셀 키스Ancel Benjamin Keys라는 생리학자로부터 유포되었습니다. 그는 미 보건 당국의 대대적인 지원을 바탕으로 1940년대 후반 22개 나라를 대상으로 식단에 대해서 대규모 연구와 조사를 진행하였습니다. 그리고 1952년, 만천하에 이렇게 선언했습니다.

"콜레스테롤과 포화 지방은 혈관을 막아서 심장병을 유발한다!"

그는 버터, 치즈, 라드돼지기름, 텔로소기름과 같은 포화 지방은 콜레스테롤을 증가시키는 원인이며 심혈관 질환을 일으킬 수 있다고 주장했습니다. 대신에 콩기름, 옥수수유와 같은 상온에서 액체 형태를 띠는 불포화 지방씨앗기름을 권장했습니다. 미국 보건 당국은 안셀 키스의 주장을 근거로 전 국민에게 대대적으로 저지방 식단을 홍보했습니다. '육류 소비를 줄이고 씨앗기름을 먹으라'고 소리 높여 외쳤습니다. 더불어 보건 당국은 마가린과 같은 인공 식물성 지방을 권유하기 시작했습니다. 국민을 대상으로 거대한 사기극의 서막이 펼쳐진 것입니다. 이때부터 저지방 이념은 신성 불가침의 복음으로 들불처럼 퍼져 나갔습니다. 이 불길은 전 세계 모든 나라로 번져 나갔으며 지금도 타오르고 있습니다. 아직도 우리는 콜레스테롤과 포화 지방의 공포에서 벗어나지 못하고 있습니다.

하지만 1997년 안셀 키스 박사의 연구는 완전히 조작임이 밝혀졌습니다. 그는 22개 연구 대상 국가 중에서 자신의 결론에 부합하지 않은 16개 국가의 자료를 고의로 누락시켰습니다. 이들 16개 국가는 지방 섭취 비율과 사망자 숫자에서 유의미한 인과 관계가 없었습니다. 그는 미국, 영국, 캐나다, 호주는 지방 섭취가 높아서 심근 경색 위험이 높다고 주장했습니다. 하지만 이 국가들은 식물성 가공 지방마가린의 소비량이 가장 많은 나라였습니다. 키스는 자신의 논문에서 이들 국가의 마가린 소비에 대해서는 절대 언급하지 않았습니다. '완벽한 날조'였습니다.

타임TIME지는 1961년 안셀 키스의 사진을 전면 표지에 실었지만, 2014년에는 버터 사진을 전면 표지에 실으며 자기반성을 대신했습니다. 양치기 소년의 거짓말과 미 보건 당국의 잘못된 정책으로 인해 콜레스테롤과 포화 지방은 억울한 누명을 쓰고 감방에 갇혀 있게 된 것입니다. 무려 '50년'입니다. 그렇다면 이 괴담을 통해 가장 큰 이익을 본 집단은 어디일까요? 다국적 제약회사들은 고지혈증약의 판매로 천문학적인 돈을 긁어모았습니다. 반대로 수많은 환자는 의사들의 맹목적인 처방으로 인해 건강을 잃어갔습니다.

잠시 생각해 보겠습니다. 콜레스테롤의 정체는 무엇일까요? 콜레스테롤은 우리 몸속에서 다음과 같은 역할을 하고 있습니다.

· 세포막 구성 성분

· 뇌 신경 세포 형성

· 비타민D의 생산 원료

· 각종 스테로이드 호르몬과 성 호르몬의 성분

· 담즙 생산의 원료

· 손상된 세포 및 조직을 수리

· 세균과 독소를 중화

위 내용을 살펴보면 콜레스테롤이 생명 유지를 위한 절대적 존재임을 알 수 있습니다. 특히 콜레스테롤은 염증과 산화로 손상된 세포를 치유합니다. 즉, 세포에 불炎症이 났을 때 화재를 진압하는 소방관의 역할을 수행하고 있습니다. 그런데 화재 현장에 있었다는 이유로 소방관을 화재의 범인으로 몰았던 것입니다. 콜레스테롤이 인간이라면 화병으로 몸져눕거나 전면 파업을 선언했을 것입니다.

이제 당신은 콜레스테롤이 얼마나 중요한 존재인지를 알았을 것입니다. 콜레스테롤은 매우 중요한 존재이기에 우리 몸은 간에서 자체적으로 생산75~85%합니다. 음식물 섭취로 콜레스테롤 섭취가 늘어나면 간에서 생산을 낮춰서 자동적으로 조절합니다. 콜레스테롤은 자체적으로 혈액에서 운반될 수 없습니다. 지단백이라는 단백질에 쌓여서 필요한 세포로 이동됩니다.

예를 들어, 간은 직원콜레스테롤을 뽑아서 출근 버스지질 단백질에 태워 응

급처치가 필요한 세포 곳곳으로 출장을 보냅니다. 이를 'LDL저밀도 콜레스테롤'이라고 합니다. 그리고 자신의 업무가 끝난 직원콜레스테롤은 퇴근 버스지질 단백질를 타고 다시 간으로 귀가합니다. 이 콜레스테롤을 'HDL고밀도 콜레스테롤'이라고 합니다. 보통 LDL은 나쁜 콜레스테롤, HDL은 좋은 콜레스테롤이라고 부르기도 하지만 이러한 구분은 의미가 없습니다. 콜레스테롤이 무조건 낮다고 좋은 것도 아닙니다. 높은 LDL 콜레스테롤 수치는 무엇을 말하고 있는 것일까요? 지금 당신의 몸에 염증과 산화가 높은 상태라는 것입니다.

다음은 현대 의학이 제안하고 있는 〈콜레스테롤 가이드라인〉입니다.

구분	정상	주의	위험
총 콜레스테롤	200미만	200~239	240이상
HDL 콜레스테롤	60이상	60~40	40미만
LDL 콜레스테롤	130미만	130~159	160이상
중성지방	150미만	150~199	200이상

* 출처 : 식품의약품안전처 홈페이지

대부분의 의사는 콜레스테롤 수치가 정상 범위에서 벗어날 경우 스타틴 계열의 고지혈증약을 처방하고 있습니다. 문제는 위 가이드라인이 천편일률적으로 적용되고 있으며 고지혈증약이 너무나 많이 처방되고 있다는 것입니다. 그렇다면 이 약물은 어떤 부작용이 있을까요?

대표적인 부작용은 먼저 '기력'energy이 떨어집니다. 무기력과 피로감이 함께 동반되곤 합니다. 이 밖에도 근육통, 기억력 감퇴, 멍함, 메스꺼움, 구역 및 구토, 간 기능 저하, 발기 부전, 수면 장애, 변비, 설사 등과 같은 부작용이 지속적으로 보고되고 있습니다. 이러한 부작용이 발생한다는 것은 역설적으로 콜레스테롤이 우리 몸에 얼마나 중요한지를 반증하고 있는 것입니다. 반드시 기억해야 할 것은 스타틴 계열의 고지혈증 약물은 심장 기능의 중요한 영양소인 코엔자임Q10 합성을 방해한다는 사실입니다. 그래서 고지혈증 약물을 복용하는 환자들은 반드시 코엔자임Q10 영양제를 복용해야 합니다.

위의 부작용 사례를 보면 어떤 생각이 드십니까? 이러한 위험을 감수하고 고지혈증약을 복용할 이유가 있을까요? 의료계에서는 국내 고지혈증 유병률이 48%에 달하는 것으로 보고 있습니다. 성인의 절반은 고지혈증약 복용 대상자라는 이야기입니다. 일부 전문의들에게 스타틴은 심혈관 위험을 낮추는 믿음의 약물이 되어버리고 말았습니다.

주류 의학계는 'LDL 콜레스테롤 수치는 낮으면 낮을수록 좋다'고 말하고 있습니다. 하지만 LDL 콜레스테롤 수치는 무조건 낮춰서는 안 됩니다. LDL 콜레스테롤은 크기와 밀도에 따라 다르게 분류됩니다. LDL A형과 LDL B형으로 분류할 수 있습니다. A형은 크기가 크고 밀도가 낮은 형태이고, B형은 크기가 작고 밀도가 높은 형태입니다. A형은 배구공에, B형은 골프공에 비유할 수 있습니다. A형은 가볍기 때문에 혈액 내에서 잘 떠오르지만, B형은 무겁기 때문에 혈관 내벽에 침착되기 쉽습니다. 에베 코지 박사는 이 LDL B형을 산화 LDL, 소립자 LDL로 명명하였습니다. 혈관에 문제를 일으키는 주범은 'LDL B형'입니다. 하지만 난점 중의 하나는 LDL B형의 수치를 측정하는 것이 임상적으로 어렵다는 것입니다.

그렇다면 우리는 콜레스테롤 수치를 어떻게 이해하고 해석해야 할까요? 제가 생각하는 콜레스테롤 수치에 대한 해석 방법은 다음과 같습니다. 이 기준은 〈잠든 당신의 뇌를 깨워라〉를 집필한 황성혁 저자의 가이드를 인용합니다. 황성혁 전문의는 주류 의학계에서 올 곧은 목소리를 계속해서 내는 진정성 있는 의사입니다.

첫째, 중성 지방과 HDL 콜레스테롤의 비율을 체크하십시오.

중성 지방/HDL 비율	심혈관 위험도
1 이하	최적
1~2	저위험
2~3	중위험
4 이상	고위험

둘째, 총 콜레스테롤과 HDL 콜레스테롤의 비율을 체크하십시오.

총 콜레스테롤/HDL 비율	위험도
4 이하	최적
4.5 이하	권장

셋째, 중성 지방 수치입니다. 중성 지방 수치가 높은 경우는 일반적으로 LDL B형 콜레스테롤 수치가 높으며 인슐린 저항성이 높게 나타납니다. 중성 지방 수치가 200 이상일 경우에는 유의할 필요가 있습니다.

마지막으로 단순히 콜레스테롤 수치만으로 몸의 상태를 판단하지 말고 전반적인 혈액 검사 수치들을 살펴보는 것이 좋습니다. 특히 체내 염증 지표를 확인할 수 있는 CRPC-Reactive Protein 검사 및 호모시스테인Homocysteine 검사를 통해서 몸의 상태를 종합적으로 살펴보는 것이 중요합니다. 기능의학 의사분들께 상담 받기를 권유해 드립니다.

지금까지 콜레스테롤 왜곡의 역사를 잠시 살펴보았습니다. 콜레스테롤에 대한 논쟁은 지금도 현재 진행형입니다. 저는 과거에 좋아했던 '생로병사의 OO'과 같은 건강 다큐멘터리를 거의 보지 않습니다. 그 이유는 이러한 프로그램들이 주류 의학의 의견만을 일방적으로 전달하고 있기 때문입니다. 공중파 방송에서 다루는 의학과 건강 관련 이슈들은 너무나 '기울어진 운동장'입니다. 개인적인 바램은 탐사 보도 프로그램에서 이러한 논쟁적 이슈에 대해 양쪽의 의견을 균형 잡힌 시선으로 다루어 주기를 희망해 봅니다.

5장

저탄수화물 식단은
당신을 변화시킨다

당신은
약물과 이별하고 싶습니까?
혈액 검사의 이상 수치와 결별하고 싶습니까?
약물 없이, 수술 없이 가능합니다.
바로 식단으로 가능합니다.
지금 저탄수화물 식단을 실천한다면
혈당, 중성 지방, 콜레스테롤 수치를 비롯하여
다양한 혈액 검사 수치들이 개선될 것입니다.

현미 채식을 최초로 병원에 도입하다

저탄수화물 식단 연구를 시작한 지 20년이 흘렀습니다. 그동안 정말 많은 분이 저탄수화물 식단을 몸소 실천했습니다. 환자들뿐만 아니라 저탄수화물 식단을 일상에서 실천하는 독자들로부터 다양한 목소리를 계속해서 듣고 있습니다. 독자들이 직접 경험하는 효과에 오히려 제가 놀라는 경우가 많습니다.

저탄수화물 식단을 확립하기까지 시행착오도 많았습니다. 그때 그때 공부를 거듭하며 저탄수화물 이론을 보강해 나갔습니다. 저탄수화물 식단이 '인류 본래의 식단'이라는 확신을 얻게 된 것도 수많은 시도와 경험이 있었기에 가능했습니다. 그동안 실질적인 임상과 연구를 통해 경험한 과정을 간단히 설명해 드리겠습니다.

저는 30년 전 다카오 병원에 처음으로 현미 채식을 도입했습니다. 병원 식단으로 현미를 제공한 것은 다카오 병원이 일본 최초입니다. 당시 저는 서양의학과 한의학을 동시에 공부하며 모든 방법을 통해서 환자들의 병을 고치고 싶었습니다. 하지만 마음과는 달리 치료에는 별다른 진전이 없었습니다. 의사로서 거대한 벽에 부딪힌 시기이기도 합니다. 불현듯 이런 질문이 스쳐 지나갔습니다. '서양의학과 한의학 모두 약물 요법 위주가 아닌가?' 약물 치료보다 근본적으로 식단 자체를 재검토해야 한다는 것을 깨달았습니다.

이때부터 모든 방식을 환자에게 적용하기에 앞서 자신부터 실천해보자고 결심했습니다. 주식을 백미에서 현미로 바꿨으며 정크 푸드와 같은 달콤한 음식을 모두 끊었습니다. 열흘 정도 지나자, 신기한 경험을 하였습니다. 중학생 무렵부터 수십 년 동안 앓고 있었던 알레르기성 비염이 거짓말처럼 사라진 것입니다. 과거에는 과음하거나 달콤한 음식을 먹으면 알레르기성 비염이 빈번하게 재발하였습니다. 이 경험을 통해 식단의 중요성을 절실히 깨닫게 되었습니다. 개인적인 체험을 바탕으로 1984년부터 육류는 제한하고 어류는 허용하는 현미 채식을 장려했습니다.

요즘 1일 1식을 비롯하여 간헐적 단식이 선풍적인 인기를 누리고 있습니다. 사실 단식 요법은 오래전부터 종교 단체에서 중요한 치료법으로 여겨져 왔습니다. 저는 현미 채식과 함께 단식 요법을 도입했습니다. 지금은 일반화되었지만, 당시 병원에서는 보기 드문 시도였습니다. 이번에도 나 자신부터 실천했습니다.

처음 단식 시작 후 이틀간은 오전에 빈혈과 무력감이 다소 느껴졌습니다. 혈당 수치가 35까지 떨어져 낮은 수치를 기록했습니다. 이 혈당 수치는 보통의 경우 의식불명이나 혼수상태에 빠질 수 있는 수치입니다. 하지만 단식을 진행하는 동안에는 문제가 없었습니다. 도리어 정신은 명료해지고 맑아지는 느낌을 받았습니다. 계속해서 '왜 그럴까?'라는 질문을 던졌습니다.

물론 지금은 그 이유를 명확히 알고 있습니다. 그 이유는 혈중 케톤 수치가 높아져 뇌의 에너지원으로 이용되기 때문입니다. 뇌가 케톤을 이용한다는 사실을 30대 초반에 몸소 실험한 셈입니다. 그 이후에도 한 달에 한 번씩 짧은 단식을 진행했습니다. 단식은 알레르기성 비염을 조절하는 훌륭한 의사였습니다.

채식, 간헐적 단식 그리고 저탄수화물식의 공통 분모

저는 오랜 시간 현미 채식 식단을 지속해 왔습니다. 당시에는 건강한 식단이라고 자부하고 있었습니다. 그런데 저는 50세가 넘으면서 당뇨병 진단을 받고 말았습니다. 당시 52세. 정기 건강 검진에서 당화 혈색소HbA1c 6.7%로 당뇨병 환자로 판명되었습니다. 식후 2시간 혈당을 측정해보니 놀랍게도 260이란 수치가 나왔습니다.

어느새 당뇨병에 걸린 불량 의사가 되어 버렸던 것입니다. 키 167cm, 몸무게 67kg, 복부 내장 지방 과다, 고혈압, 혈당 장애라는 불명예 훈장을 받게 되었습니다. 의사라는 직업이 부끄럽게도 대사 증후군 환자였습니다. 한동안, 이 사실을 받아들이기 어려웠습니다. 누구보다 건강한 식단을 지켜왔다고 생각했기 때문입니다.

1999년. 당시 다카오 병원의 운영자는 에베 요이치로 원장이었습니다. 제 친형입니다. 그는 당뇨병 환자를 대상으로 획기적인 성과를 올리고 있었습니다. 그 성과의 비법은 '저탄수화물 식단'이었습니다. 당시에는 너무나 파격적인 식사 요법이었습니다. 저를 포함해서 병원의 영양사들은 그 효과를 쉽게 신뢰하지 않았습니다. 그러던 어느 날 병원에 혈당 수치 560, 당화 혈색소 14.5%의 중증 당뇨병 환자가 입원했습니다. 당화 혈색소는 당뇨병 조절의 지표로 과거 3개월 동안의 평균 혈당 수치를 판단하는 수치입니다. 이 수치가 높을수록 혈당 조절이 어려우며 6.5% 이상이면 당뇨병 판정을 내립니다.

저는 이 당뇨병 중증 환자에게 현미 채식을 기반으로 저지방 식단을 적용했습니다. 하지만 일주일이 지나도록 식후 혈당 수치가 여전히 400이 넘나들었습니다. 제가 권유한 현미 채식이 효과가 없었던 것입니다. 해결 방법을 찾아야 했습니다. 결국 반신반의하면서도 형 에베 요이치로 원장의 저탄수화물 식단을 적용해 보기로 결심했습니다.

그리고 놀라운 일이 벌어졌습니다. 인슐린 주사와 경구 혈당 강하제를 전혀 사용하지 않았음에도 즉각적으로 당일 식후 혈당이 정상으로 돌아온 것입니다. 솔직히 충격이었습니다. 놀라운 치료 효과를 직접 확인한 저와 영양사는 병원 차원에서 저탄수화물 식단 연구를 본격적으로 시작하기로 결심했습니다.

먼저 자신을 대상으로 저탄수화물 임상을 시작했습니다. 육류, 생선, 채소, 두부 등은 자유롭게 먹고 밥, 빵, 면과 같은 탄수화물 음식을 철저히 제한했습니다. 가공식품과 같은 정제 탄수화물은 당연히 먹지 않았습니다. 술은 맥주, 정종 등 탄수화물을 함유한 술은 삼가고 오로지 증류주인 소주만 마셨습니다. 그 결과, 6개월 뒤에는 몸무게가 56kg으로 줄었고 혈압과 당뇨병 수치가 거짓말처럼 정상으로 돌아왔습니다. 또한 대사 증후군으로부터 탈출할 수 있었습니다. 체형은 학창 시절로 돌아갈 수 있었고 지금까지 그 체형을 여전히 유지하고 있습니다.

그렇다면 저탄수화물 식단은 모든 사람에게 효과가 있는 만병통치약일까요? 저는 그렇게 생각하지 않습니다. 그래서 모든 사람에게 저탄수화물 식단을 일방적으로 권유하지도 않습니다. 모든 사람은 대사의 상태가 다르며 체질도 다르기 때문입니다. 철저하게 한 사람, 한 사람의 연령·체질 및 기호에 따라 맞춤형 식단order made diet을 권하고 있습니다. 현미 채식, 간헐적 단식 그리고 저탄수화물 식단을 상황에 따라 적용하고 있습니다. 물론 기본 식단은 저탄수화물에 두고 있습니다.

예를 들어 아토피와 천식이 없는 어린이와 젊은이들 그리고 당뇨병과 대사 증후군이 없는 성인은 일정 부분 탄수화물을 허용하고 있습니다. 왜냐하면 평소 운동을 좋아하는 사람은 현미와 같은 복합 탄수화물을 섭취하더라도 근육이 바로바로 포도당을 이용하기 때문입니다. 이 경우는 혈당이 급격히 상승하는 일이 잘 일어나지 않아 별로 문제될 게 없습니다. 반면 운동하기를 싫어하는 사람이라면 복합 탄수화물을 섭취하더라도 적게 먹거나 제한하는 것이 좋습니다.

이미 당뇨병을 앓고 있거나 대사 증후군이 있는 사람은 철저한 저탄수화물 식단이 가장 좋은 선택이라고 확신합니다. 저탄수화물 식단은 탄수화물이 적어서 식후 혈당 상승이 거의 없는 반면에, 지방을 연소하는 에너지 시스템이 활성화됩니다. 비만을 해결하고 만성 질환을 예방하는 데 많은 도움이 됩니다. 이와 같이 저탄수화물이라는 기초 아래 현미 채식과 간헐적 단식을 맞춤형으로 적용하고 있습니다.

현미 채식, 간헐적 단식 그리고 저탄수화물 식단에는 공통점이 있습니다. 완전히 달라 보이는 이 식단들의 공통점은 무엇일까요? 그것은 3가지 모두 '낮은 혈당을 유지한다'는 것입니다. 낮은 혈당 수치는 신진대사를 안정화합니다. 쉽게 말씀드려서 현미 채식, 간헐적 단식, 저탄수화물 식단 모두 '저혈당 식단'이며 '저인슐린 식단'이라고 할 수 있습니다. 낮은 인슐린 수치는 모든 만성 질환의 불씨를 잠재우는 역할을 합니다.

모든 질병과 증상은 식단에 결정적인 영향을 받습니다. 저는 당뇨병과 대사 증후군을 저탄수화물 식단 하나만으로 극복했습니다. 20년 넘게 꾸준히 저탄수화물 식단을 실천하고 있습니다. 저는 의사로서 약물 치료보다 식사 요법이 우선해야 한다는 확신이 있습니다. 물론 모든 약물 처방을 부정하는 것은 결코 아닙니다. 환자의 증상에 따라 '식단 요법 + 양약 + 한약'이라는 3가지 균형 상태를 적용하고 있습니다. 다만 궁극적으로는 약물에 의존하지 않는 맞춤형 식사 요법을 만들어 나가는 것이 개인적 목표입니다.

요즘은 일본은 1인 가구가 급격히 많아졌습니다. 특히 혼자사는 직장인과 학생들은 끼니를 제대로 챙겨 먹지 못하고 있습니다. 편의점 도시락과 같은 인스턴트 음식으로 대충 때우는 일이 많아지고 있습니다. 음식은 결코 때우는 대상이 되어서는 안 됩니다. 건강하지 못한 음식물 섭취는 결국 영양 불균형을 가져오고 만성 질환이라는 수렁에 빠지게 합니다. 지금 비용과 시간을 아끼는 인스턴트 음식은 미래의 건강을 위협하는 어리석은 행동입니다.

저탄수화물 식단과 검진 수치의 변화

누구나 몸이 아파 병원에 가거나, 건강 검진에서 혈액 검사를 해보았을 것입니다. 담당의가 혈액 검사 결과를 보면서 생소한 의학 용어와 함께 이렇게 말하는 경우가 있습니다.

"OO수치가 높으시네요. OO수치를 낮추셔야 합니다. OO수치를 낮추는 약을 드시는 것이 좋겠습니다."

자연스럽게 담당의는 약을 처방하고 당신은 처방전을 들고 약국으로 향합니다. 어느 순간 당신의 손에는 커다란 약봉지가 들려져 있습니다. 일부 사람들은 약을 영양제처럼 생각하는 경우도 있습니다. 다른 사람들은 약을 예방적 차원에서 먹고 있다고 말하기도 합니다. 물론 효과가 있을 수도 있습니다.

하지만 약물은 반드시 예기치 않은 부작용이 있다는 사실을 명심해야 합니다. 약물과 이별하고 싶습니까? 혈액 검사의 이상 수치와 결별하고 싶습니까? 당연히 가능합니다. 약물 없이, 수술 없이 말입니다. 바로 식단으로 가능합니다. 지금 저탄수화물 식단을 실천한다면 혈당, 중성 지방, 콜레스테롤과 같은 다양한 혈액 검사 수치들이 개선될 것입니다.

지금부터 말하는 부분은 의학 용어에 익숙하지 않은 사람에게는 조금 어렵게 느껴질 수도 있습니다. 잠시 양해를 구합니다. 하지만 반드시 알고 있어야 할 사항이니 잠시 집중해 주기를 부탁드립니다. 앞으로도 혈액 검사를 비롯한 건강 검진을 받는다면 반드시 도움이 될 것입니다. 당신이 저탄수화물 식단을 실천한다면 다음과 같은 변화를 선물 받을 것입니다.

① 혈당 수치가 즉각적으로 개선될 것입니다.

② 당화 혈색소HbA1c도 개선될 것입니다.

　수개월 안에 당화 혈색소가 1~2%가 낮아질 것입니다.

③ 중성 지방 수치도 빠르게 개선될 것입니다.

④ HDL 콜레스테롤은 증가할 것입니다.

　단, 개인마다 속도의 차이가 있습니다.

⑤ LDL 콜레스테롤은 떨어질 것입니다. 일시적으로 증가하는 경우가 있지만, 대부분 6개월~1년 사이에 정상으로 돌아올 것입니다.

⑥ 대부분 총 콜레스테롤 수치가 떨어질 것입니다. 일시적으로 수치가 상승하는 경우가 있지만, 대부분 6개월~1년 사이에 정상으로 돌아올 것입니다.

⑦ 요산uric acid도 개인차에 따라서 다양한 수치 변화를 보일 것입니다. 간혹 요산 수치가 오르는 경우가 있는데, 6개월~1년 사이에 대부분 정상으로 돌아올 것입니다.

⑧ 요소 질소urea nitrogen가 다소 높아지는 사람이 있는데, 오래되지 않아 정상으로 돌아올 것입니다. 요소 질소는 단백질 대사의 최종 산물을 말하며 신장 기능의 지표로 활용됩니다. 신장 기능이 떨어지면 요소 질소의 혈중 농도가 높아집니다.

⑨ 크레아티닌creatinine은 변화가 없을 것입니다. 크레아티닌은 근육 운동 에너지를 만드는 아미노산으로 신장의 기능 장애를 판단하는 지표입니다. 신장에 문제가 생기면 크레아티닌 농도가 증가합니다.

⑩ 혈액 속 케톤은 기준치보다 높아지지만 자연적인 현상이므로 걱정하지 않아도 됩니다.

⑪ 소변으로 배출되는 케톤 수치는 초기 3~6개월은 양성 반응을 보이지만, 6개월이 지나면 음성이 됩니다.

⑫ 지방간을 비롯한 간 수치GOT, GPT, 감마-GTP가 개선될 것입니다.

⑬ LDL 콜레스테롤 수치는 개인마다 다릅니다. 실제 당뇨병을 앓았던 제 경우에는 HDL 콜레스테롤은 많이 증가하고 LDL 콜레스테롤은 서서히 감소했습니다.

제가 처음 당뇨병에 걸렸을 때 공복 혈당은 110 이상으로 경계성 당뇨병이었습니다. 그때부터 고지방, 고단백질 위주의 식사를 20년간 실천하고 있습니다. 지금은 공복 혈당 96, 공복 인슐린 1.8로 정상 기준으로 회복되었습니다. 혈중 케톤 수치는 0.7로 기준치보다 높지만 소변 검사상 케톤 수치는 음성입니다. 중성 지방 64, 요산 3.4로 정상 수치를 보이고 있습니다. 정기적인 검사에서 HDL 콜레스테롤은 100~110, LDL 콜레스테롤은 110~140, 총 콜레스테롤은 210~250을 보이고 있습니다. 저탄수화물 식단을 할 때 초기에 케톤 수치가 높은 것은 자연스러운 생리적 변화입니다.

5대 질병, 저탄수화물 식단으로 개선된다

저탄수화물 식단은 당뇨병 환자의 혈당 수치 개선 목적으로 시작되었습니다. 놀라운 사실은 이 식단을 실천한 사람들이 자신의 치유

사례를 공유하면서, 각종 만성 질환에 효과가 있다는 것이 점점 밝혀졌습니다. 지금부터는 저탄수화물 식단이 주로 어떠한 질병이나 증상에 효과적인지 정리해 보고자 합니다.

일본 후생 노동성은 '암, 뇌졸중, 심장병, 당뇨병'을 4대 질병으로 선정하여 집중적으로 관리하였습니다. 그리고 정신 질환을 추가하여 국가 차원에서 반드시 관리해야 할 '5대 질병'을 발표했습니다. 우울증, 조현병 등 정신 질환 환자는 매년 늘어나 오히려 4대 질병을 훨씬 웃돌고 있는 상황입니다. 이러한 상황에 대해 중점적인 대책 마련이 시급하다고 판단한 것입니다. 그렇다면 '5대 질병'에 대해 저탄수화물 식단은 어떤 효과를 기대할 수 있을까요? 기대 효과의 핵심만 간단히 정리해 보겠습니다.

- **암** 癌, cancer

먼저 암에 대한 예방 효과를 기대할 수 있습니다. 암은 과다 탄수화물로 인한 대사 질환입니다. 암세포의 주된 에너지원은 바로 포도당탄수화물입니다. 암세포는 일반적으로 에너지 발전소인 미토콘드리아가 망가져 있습니다. 미토콘드리아가 망가지면 지방케톤을 에너지원으로 사용하기 힘듭니다. 그래서 암세포는 인슐린 수용체를 자체 생성해서 포도당을 독식합니다. 탄수화물을 제한하면 암세포의 보급로를 차단하는 효과가 있습니다. 다만, 세균과 바이러스 감염이 주요 원인인 자궁 경부암과 간암은 저탄수화물의 효과가 미약할 수 있습니다. 암에 관한 부분은 뒷장에서 더 자세하게 논할 예정입니다.

• 뇌졸중 中風, stroke

뇌졸중은 혈액 순환에 문제가 생겼을 때 발생하는 질병입니다. 저탄수화물 식단은 뇌졸중의 종류에 따라 효과가 다릅니다. 뇌졸중의 대표적인 3가지는 뇌경색, 뇌출혈, 지주막하 출혈입니다. 뇌경색은 동맥이 막혀 혈액 순환이 원활하지 않아 뇌 조직이 괴사壞死하는 질병을 말하며, 뇌출혈은 혈압의 상승으로 혈관 출혈이 발생하는 경우를 말합니다. 저탄수화물 식단을 하면 혈액 순환을 원활하게 하므로 뇌경색과 뇌출혈을 예방하는 효과가 있습니다.

반면에 지주막하 출혈은 유전적 원인의 경우가 대부분입니다. 뇌동맥류는 동맥의 일부가 혹처럼 불룩해지는 것을 말합니다. 선천적으로 뇌동맥이 약하거나 뇌동맥 경화, 세균 감염, 머리 외상 등이 원인입니다. 그래서 지주막하 출혈은 저탄수화물로 인한 예방 효과가 높지 않습니다.

• 심장병 心臟病, heart disease

심장병도 뇌졸중과 마찬가지로 혈액 순환에 문제가 생겨서 발생합니다. 가장 많이 발생하는 질병은 심근 경색심장마비입니다. 심근 경색은 혈액 순환이 제대로 되지 않아 심장 근육에 괴사가 발생하는 현상입니다. 저탄수화물 식단은 혈액 순환을 활성화하므로 심장병 예방 효과를 기대할 수 있습니다.

- **당뇨병** 糖尿病, diabetes

당뇨병은 고혈당과 고인슐린혈증이 원인입니다. 저탄수화물 식단은 즉각적으로 혈당을 낮추어 고혈당과 고인슐린혈증의 문제를 개선합니다. 당뇨병 환자의 경우 저탄수화물을 통해 극적인 개선 효과를 볼 수 있습니다. 저탄수화물 식단이 연구된 계기가 바로 '당뇨병'입니다. 저탄수화물 식단은 당뇨병 환자를 위한 프로그램이라고 할 수 있습니다.

- **정신질환** 精神病, mental disease

우울증은 기본적으로 감정의 기복이 심합니다. 그 차이를 만들어 내는 주된 원인은 혈당의 불균형입니다. 저탄수화물 식단은 혈당 안정화를 통해서 우울 증상을 개선할 수 있습니다. 물론 우울증의 원인은 매우 복합적입니다. 혈당 불균형이 개선된다고 하더라도 무조건적인 효과가 있다고 단언하기는 힘듭니다. 특히 조울증양극성 정신장애과 조현병은 식사 요법만으로는 개선하기 어렵습니다.

우울증 환자에게 불포화 지방산EPA을 투여해 정신 질환 증상이 개선된다는 연구 보고가 있습니다. 많은 사람들이 스트레스를 받았을 때 달콤한 음식으로 자신을 위로하는 경우가 많습니다. 분명 높은 혈당은 스트레스를 완화하는 효과가 있습니다. 문제는 '잠시'라는 거지요. 특히 '탄수화물 중독' 증상은 호르몬 변화와 심리적 연관성이 깊다는 사실이 연구를 통해 밝혀지고 있습니다.

지금까지 저탄수화물 식단의 핵심 효과를 살펴보았습니다. 저탄수화물 식단은 가장 먼저 비만과 대사 증후군을 명백히 개선합니다. 그 이유는 온몸의 혈액 순환과 대사가 좋아지면서 결국 자연 치유력이 회복되는 것입니다. 자연 치유력이 좋아지면 모든 질병에 대응할 힘이 생깁니다. 특히 난치병으로 알려진 각종 알레르기, 아토피 피부염, 고혈압, 다낭성 난소 증후군, 저혈당 등의 만성 질환을 개선합니다. 저는 드라마틱한 치유 사례를 수없이 직접 목격했습니다.

건강한 사람이 저탄수화물 식단을 실행한다면 더욱 좋습니다. 더 이상 약물과 만날 기회가 없어질 것입니다. 당신은 운이 좋은 사람입니다. 그 밖에도 저탄수화물 식단은 다양한 질병에 치료 효과를 보입니다. 많은 사람들을 괴롭히는 역류성 식도염과 얼굴에 하얗게 올라오는 마른버짐도 극적으로 개선됩니다. 역류성 식도염은 즉시 개선되며 마른버짐은 한 달 정도 지나면 효과가 눈에 띄게 나타납니다. 일상적으로 피부가 매끄러워지고 모발에 탄력이 생길 것입니다.

체중 감량에 대한 다이어트별 연구 사례

비만은 모든 질병의 대부입니다. 너무나 많은 사람이 비만으로 고통받고 있습니다. 분명한 사실은 비만을 일으키는 핵심은 탄수화물의 과다 섭취에 있다는 것입니다. 그렇다면 저탄수화물 식단이 체중 감량에는 얼마나 효과가 있을까요? 이를 증명한 역학 연구를 소개해 드립니다. 식사요법으로 식단을 하는 방법에 대해서는 상반된 주장이 난무하고 있습니다. '지방을 줄여라', '고기를 줄여라', '고기를 위주로 먹어라' 당연히 일반 사람들이 헷갈릴 만도 합니다.

〈뉴잉글랜드 의학 저널〉NEJM: The New England Journal of Medicine에 〈저지방, 지중해, 저탄수화물 식단과 체중 감량〉2008이라는 논문이 발표되었습니다. 이 논문은 식단과 관련된 기나긴 논쟁에 유의미한 결과를 보였습니다. 이 연구는 이스라엘에서 3,222명을 대상으로 ① 저지방 식단, ② 지중해 식단, ③ 저탄수화물 식단의 세 그룹으로 나누어서 각각 다이어트 효과를 2년간 추적 조사하였다. 연구의 조건은 다음과 같습니다.

- 저지방 식단 : 칼로리 제한 있음
- 지중해 식단 : 칼로리 제한 있음
- 저탄수화물 식단 : 칼로리 제한 없음

3가지 식단을 2년동안 추적 조사 결과, 평균 체중 감소는 다음과 같습니다.

① 저지방 식단 : 2.9kg 감량

② 지중해 식단 : 4.4kg 감량

③ 저탄수화물 식단 : 4.7kg 감량

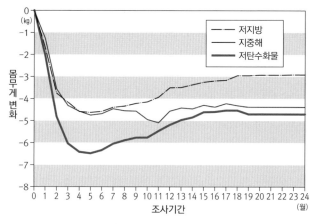

〈저지방 · 지중해 · 저탄수화물 식단 비교 연구〉

저탄수화물 식단은 저지방 · 지중해 식단보다 체중 감소 효과가 높았으며 HDL 콜레스테롤도 가장 많이 증가했습니다. 중요한 사실은 실험의 조건에서 저탄수화물 식단은 유일하게 칼로리 제한을 두지 않았다는 점을 기억해 주십시오.

또 다른 연구 사례를 살펴보겠습니다. 〈미국 의사 협회 저널〉JAMA: The Journal of the American Medical Association에 〈식단 연구의 모든 것〉2007

이라는 논문이 게재되었다. 이 연구는 과체중 여성 311명을 대상으로 4가지 다이어트 방식에 대해 각각 1년 동안 체중 감량 효과를 연구하였습니다. 2개월간 매주 교육을 실시한 후 10개월간 추적 조사하였습니다. 이 4가지 방식은 모두 미국에서 대중적으로 유행하고 있는 다이어트입니다.

① 앳킨스Atkins 다이어트 - 저탄수화물 식단

② 존Zone 다이어트 - 중탄수화물 식단

③ 런Learn 다이어트 - 고탄수화물 · 저지방 식단

④ 오니시Onish 다이어트 - 고탄수화물 · 저지방 식단

결과는 어떻게 나왔을까요? 체중 감량의 효과는 다음과 같았습니다. 앳킨스 식단은 4.7kg 〉 런 다이어트 2.6kg 〉 오니시 다이어트 2.2kg 〉 존 다이어트 1.6kg 순이었습니다. 저탄수화물 식단의 대표주자인 '앳킨스 다이어트'가 가장 많은 체중을 감소했습니다. 더불어 중성 지방도 감소했고 HDL 콜레스테롤은 증가했습니다.

앳킨스 다이어트에 비해 다른 식단은 2kg 안팎으로 체중 감량 효과가 낮았습니다. 참고로 앳킨스 다이어트는 제가 추구하는 저탄수화물 식단과 방향을 함께 하고 있습니다. 이처럼 미국의 권위 있는 의학 전문지에 실린 논문들은 저탄수화물 식단이 저지방 식단보다 체중 감량 효과가 크다는 것을 증명하고 있습니다.

당신은 어떤 식단을 시도해 보았나요? 매일 칼로리를 계산하지 않았나요? 식욕을 억제하고 배고픔을 참았나요? 어렵게 체중을 감량했지만, 다시 요요 현상을 경험하지 않았나요? 요요 현상은 많은 사람에게 식단에 대한 불신과 자신에 대한 후회로 남는 경우가 많습니다. 이 모든 실패의 기억은 모두 탄수화물이라는 요소를 간과했기 때문입니다.

우리 모두 알고 있는 진실 하나가 있습니다. 탄수화물, 단백질, 지방의 3대 영양소 중 혈당을 즉각적으로 올리는 것은 무엇인가요? 바로 '탄수화물'입니다. 과다 탄수화물은 체내에 중성 지방으로 축적됩니다. 그래서 칼로리를 제한하기보다는 어떤 음식을 섭취하느냐가 훨씬 중요합니다. 지방은 마음껏 섭취해도 혈당이 오르지 않으며 단백질은 서서히 혈당을 높입니다. 저탄수화물 식단은 고혈당의 함정에 빠진 우리를 구출합니다.

저탄수화물 식단의 선구자들

식단 비교 연구에서 가장 높은 체중 감량 효과를 보였던 앳킨스 다이어트는 한때 황제 다이어트로 불리었던 식단입니다. 연예인은 물론 일반인에게도 선풍적인 인기를 끌었던 저탄수화물 다이어트입니다. 이 식단은 미국의 로버트 앳킨스 박사가 개발한 다이어트 방법입니다. 앳킨스 식단과 저탄수화물 식단은 이론상 동일하며 2가지 방법 모두 당뇨병 치료와 체중 감량에 뚜렷한 효과가 있습니다.

다른 점이라면 앳킨스 식단은 체중 감량에 초점이 맞춰져 있고, 저탄수화물 식단은 당뇨병 환자의 치료를 위해 고안되었다는 점입니다. 현재까지 다카오 병원에서는 5,000명 이상의 입원 환자와 1,400명이 넘는 외래 환자의 임상 사례를 통해서 저탄수화물 식단의 치료 효과를 확립했습니다. 따라서 당뇨병 치료와 저탄수화물 다이어트라는 관점에서 다카오 병원이 세계에서 가장 많은 검증 데이터를 갖추었다고 자신합니다.

1999년에 다카오 병원 원장이었던 저의 형 에베 요이치로는 저탄수화물 식단을 도입하면서 수많은 책과 연구 자료를 검토하였습니다. 라이튼 스튜어드의 〈저당 식생활 혁명〉Sugar Busters, 윌리엄 더프티의 〈슈거 블루스〉Sugar Blues, 탐험가 우에무라 나오미植村直己의 〈에스키모 마을의 식단 체험기〉가 출발점이 되었습니다.

그러다 2002년 무렵, 미국에서 출간된 로버트 앳킨스 박사의 〈앳킨스 다이어트 혁명〉Dr. Atkins' New Diet Revolution을 읽어보았습니다. 앳킨스 박사의 연구는 우리가 연구하는 저탄수화물 식단과 기본 취지가 동일해 정말 커다란 도움이 되었습니다. 미국에서는 이미 1970년대 초반에 〈앳킨스 다이어트 혁명〉Dr. Atkins' Diet Revolution 초판이 출간된 상태였습니다. 게다가 1999년에 미국에서 출간된 리처드 번스타인 박사의 〈당뇨병 솔루션〉Dr. Bernstein's Diabetes Solution을 통해 더욱더 자신감을 얻을 수 있었습니다.

특히 번스타인 박사는 자신이 제1형 당뇨병 환자로서 어린 시절부터 당뇨 약물과 인슐린 주사 치료를 받아왔습니다. 하지만 지속적인 치료에도 불구하고 계속해서 몸이 나빠졌습니다. 결국 그는 수많은 논문을 연구한 뒤 저탄수화물 식단을 자신에게 적용했습니다. 그리고 모든 당뇨 약물과 인슐린 주사를 끊었습니다. 자신의 경험을 더욱 과학적으로 연구하기 위해 40세가 넘은 나이임에도 불구하고 아인슈타인 의과 대학에 입학했으며 지금 당뇨병 전문의로 활동하고 있습니다. 앳킨스 박사와 번스타인 박사는 저탄수화물 식단의 선구자라 할 수 있습니다. 탄수화물 식단은 당뇨병 환자 치료 식단으로써 그 효과가 이미 검증되었습니다. 오랜 연구를 통해 당뇨병을 넘어서 비만, 대사 증후군, 알레르기 질환 등 만성 질환 전반에 효과가 있다는 사실이 밝혀졌습니다.

저는 2002년 당뇨병이 발병하면서 대사 증후군임을 알게 되었습니다. 저탄수화물 식단으로 6개월 만에 체중 10kg을 감량하였습니다. 모든 혈액 검사에서 정상 판정을 받았으며 이후 당뇨병 또한 완치하였습니다. 지금까지 슈퍼 저탄수화물 하루 탄수 30~60g 제한 식단을 계속하고 있습니다. 저탄수화물 식단은 모든 질병에 대해 '이기는 몸'을 만듭니다.

지루성 피부염과 생리불순, 다시 태어난 느낌이다!

독자의 목소리

선생님의 블로그에 많은 분이 자신의 치유 사례를 올리는 것을 보고, 저도 용기 내서 개인적인 경험을 공유해 보고자 합니다. 저는 어릴 때부터 머리에 비듬이 생겨서 고민이었습니다. 특히 겨울이 되면 더 심해졌고요. 검은 옷을 입는 경우 어깨 주위에는 하얀 눈처럼 비듬이 떨어지곤 했습니다. 여성의 입장에서 여간 신경 쓰이는 것이 아니었지요.

병원에서 검사를 받아보니 '지루성 피부염'이라고 진단했습니다. 처음에는 대수롭지 않게 생각했습니다. 하지만 지루성 피부염은 여간 성가신 존재가 아니었습니다. 여러 가지 약물, 연고 그리고 샴푸를 사용해보았지만 소용이 없었습니다. 치료할 때는 잠시 효과가 있다가 어김없이 리바운드 현상에 시달렸습니다.

저는 선생님의 블로그와 책을 읽고 혹시나 하는 마음으로 저탄수화물 식단을 시작했습니다. 그런데 예상치 못한 체중 감량을 경험했습니다. 첫 주에 서서히 살이 빠지더니 한 달 만에 4kg가량 체중이 줄었습니다. 저탄수화물 식단을 진행한 1년 동안 총 15kg이 빠졌습니다. 처음 시작할 때는 슈퍼super 저탄수화물 식단을 했고 지금은 탄수화물 섭취를 조금 늘린 베이직basic 저탄수화물 식단을 하고 있습니다. 그리고 예상 밖 변화가 찾아왔습니다. 어느 순간 머리의 비듬이 점점 줄어들더니 지금은 말끔하게 지루성 피부염 증상이 사라졌습니다.

더욱더 놀라운 것은 생리 불순이 개선되었다는 사실입니다. 생리 불순은 20대 초반부터 마흔이 될 때까지 내내 고민거리였습니다. 2~3개월에 한 번, 심할 때는 1년에 한 번 생리가 찾아오는 상황이었습니다. 산부인과에서 배란 유도제를 처방받아 먹어봤지만 좀처럼 좋아지지 않았습니다. 결국 대학병원 산부인과에서 다낭성 난소 증후군 진단을 받았으며 수술을 권유 받는 상황이었습니다. 1년마다 반복해서 수술이 필요할 수 있다는 담당 의사의 설명에 아무런 결정도 하지 못하고 있었습니다.

그런데 저탄수화물 식단을 시작하고 3, 4개월이 지난 무렵이었습니다. 갑자기 집 나갔던 생리가 돌아온 것입니다. 지금까지 일정한 주기로 순조롭게 이루어지고 있습니다. 체중을 감량한 것도 영향이 있겠지만 몸의 대사가 정상화된 것이 아닌가 싶습니다. 요즘 다시 태어나는 기분을 느끼고 있습니다. 비슷한 증상으로 고통받는 여성분들이 많을 것입니다. 이분들께 작은 용기라도 되었으면 하는 마음으로 글 올립니다.

필자의 코멘트

정말 좋은 일입니다. 저탄수화물로 지루성 피부염, 생리 불순, 다낭성 난소 증후군까지 해결하였군요. 솔직히 저탄수화물로 지루성 피부염이 호전되었다는 이야기는 처음 듣는 소식입니다. 중요한 임상 사례를 말씀해 줘서 진심으로 감사드립니다. 지루성 피부염은 항진균 치료를 진행해도 완치하기가 상당히 어렵습니다. 아토피 피부염처럼 힘들게 하는 난치성 질환이 지루성 피부염입니다. 그런데 지루성 피부염이 개선되었다는 이야기는 정말 축하할 일입니다.

또한 다낭성 난소 증후군과 생리 불순도 난치성 질환에 가깝습니다. 수술을 권유받을 정도였다면 마음고생이 무척 심했을 것입니다. 다낭성 난소 증후군이란 난포가 변화를 일으켜 배란이 안 되는 장애입니다. 난소에는 많은 난세포가 있는데 보통 한 달에 하나씩 성장하여 배란됩니다. 난세포는 난포라는 자루에 쌓여 있습니다. 난세포가 성장하면서 난포도 커집니다. 난포가 2cm 정도까지 커지면 파열하여 난세포가 배란됩니다. 다낭성 난소 증후군은 난소 안에 난포가 일정 크기까지는 성장하지만 거기서 멈춰버리는 증상을 말합니다.

난포가 더 이상 성장하지 못하므로 배란이 어려워지는 질병입니다. 배란이 없으니 월경 이상이 나타나는 것이지요. 배란 장애가 있으면 불임 확률이 높아집니다. 이 질병을 앓는 50%는 비만이 함께 옵니다. 남성 호르몬 증가로 털이 많아지거나, 피부가 거칠어지거나, 반대로 탈모 증상도 보입니다. 이 난공불락의 질병을 저탄수화물 식단으로 치료했다는 것은 놀라운 소식입니다. 제 생각에 배란 기능이 전체적으로 개선되었을 가능성이 높습니다. 몸 전체가 균형을 회복된 것으로 생각됩니다.

일본 산부인과 학회에 따르면 다낭성 난소 증후군의 원인은 아직까지 명확하게 밝혀진 것은 없습니다. 다만 남성 호르몬테스토스테론과 인슐린이 과다 분비되어 에너지 대사에 이상이 생겼을 것으로 추측합니다. 제 생각에 다낭성 난소 증후군의 발병 원인은 탄수화물 과다 섭취로 인한 급격한 혈당 상승과 고인슐린혈증이 깊이 연관되어 있을 것으로 보고 있습니다. 비만은 인슐린 과다 분비를 일으키는 강력한 원인 인자입니다. 체중 감량과 인슐린 분비를 정상화해야 합니다. 좋은 치료법 중의 하나가 바로 '저탄수화물 식단'인 것입니다.

요실금, 숨겨진 고통에서 해방되다

독자의 목소리

저는 두 아이를 출산한 40대 후반 여성입니다. 40대에 접어든 무렵부터 요실금 증상에 시달렸습니다. 소변이 마려운 느낌이 들면 곧장 화장실로 가야만 낭패를 보지 않았습니다. 무심코 배에 압력을 가하는 동작이라도 취하게 되면 어김없이 소변을 지리는 증상 때문에 힘들어했습니다. 요실금 증상을 남들에게 솔직히 털어놓지도 못한 채 지내왔습니다.

그런데 저탄수화물 식단을 시작하고 한 달! 요실금 증상이 거의 사라진 것을 알게 되었습니다. 지금은 요실금 증상이 완치되었습니다. 저탄수화물의 효과가 틀림없다고 생각합니다. 요실금 증상이 해결되면서 추가로 보너스를 받았습니다. 체중이 5kg이나 감량되었습니다.

체중이 급격히 빠졌을 때 생기기 쉬운 처짐과 주름도 거의 없습니다. 단백질과 지방을 충분히 섭취했기 때문일까요? 그 밖에도 서서 일하는 직업 특성상 늘 무릎이 아팠는데 지금은 통증과 함께 피로도 사라졌습니다. 옷장 속에서 잠자고 있던 옷들을 꺼내 입고 있습니다. 이제, 더 중요한 자존감을 찾게 되었습니다.

필자의 코멘트

요실금에 대한 치유 사례는 저도 처음 접하는 정보입니다. 요실금은 외래 진료에서 환자분들이 좀처럼 말하기 어려워하는 질병입니다. 그래서인지 지금까지 저도 저탄수화물로 요실금 개선 효과를 보았다는 이야기를 들어본 적이 없었습니다. 흥미로운 정보로 큰 도움이 되었습니다.

Q 마크로비오틱, 현미 채식, 고다 요법은 무엇인가요?

A 정제하지 않은 곡물을 주식으로 먹는 식사 요법에는 대표적으로 마크로비오틱, 고다 요법, 현미 채식이 있습니다. 마크로비오틱 macrobiotic은 음양 오행을 바탕으로 한 제철 자연식 식사법입니다. 현미 채식은 현미 잡곡을 중심으로 하는 식사법입니다. 고다 요법은 고다 미쓰오 박사가 개발한 생채소와 생현미가루만 먹는 식사법입니다. 마크로비오틱, 현미 채식, 고다 요법의 공통점은 '채식'이라는 사실입니다. 경험에 비추어 보면 이 모든 식사요법은 질병 개선 효과가 분명히 있습니다.

어느 식사요법이든 정제 탄수화물인 밥, 빵, 면을 먹는 것에 비하면 기본적으로 식후 혈당 상승이 적다는 점이 공통점입니다. 이 식사요법들을 잘 지켜나가면 식후 혈당 수치 상승이 쉽게 일어나지 않습니다. 또한 자신의 체질에 따라서 만성 질환과 난치병이 개선될 수도 있습니다. 혈당 변화가 많지 않으므로 혈액 순환과 대사를 안정시키고 자연 치유력이 높아집니다. 물론 제가 권하는 최고의 식사법은 혈당 변화가 가장 적게 일어나는 '저탄수화물 식단'입니다. 게다가 저탄수화물 식단은 다른 식사 요법에 비해 음식 제한이 까다롭지 않기 때문에 즐겁게 실천할 수 있습니다.

Q 어떤 조미료를 사용하는 것이 좋을까요?

A 소금, 간장, 무설탕 마요네즈는 괜찮습니다. 양념 소스와 케첩에는 설탕이 잔뜩 들어 있는 경우가 많습니다. 아주 조금 먹는다면 큰 문제가 없겠지만 많은 양을 사용하는 것은 좋지 않습니다. 또한 맛술은 정종과 마찬가지로 탄수화물이 많으므로 피해야 합니다. 된장은 탄수화물 함유량이 적으므로 괜찮습니다. 그 밖에 많은 요리에 쓰이는 굴 소스는 탄수화물이 많이 포함되어 있습니다.

에베 코지 박사의 요점 정리

· 현미 채식, 간헐적 단식 그리고 저탄수화물 식단은
  모두 낮은 혈당을 유지해서 만성 질환을 예방하고 치유합니다.

· 저탄수화물 식단은 혈액 검사 수치를 정상화합니다.

· 저탄수화물 식단은 암, 뇌졸중, 심장병, 당뇨병, 정신 질환과 같은
  5대 질병을 예방 및 치유합니다.

· 저탄수화물 식단은 다른 다이어트와 비교했을 때 가장 높은 체중
  감량 효과를 보였습니다.

· 미국에서 선풍적인 인기를 누렸던 앳킨스 다이어트는 저탄수화물
  식단과 기본 방향을 함께 합니다.

· 저탄수화물 식단은 자연 치유력을 높여서 '이기는 몸'을 만듭니다.

6장

모든 질병의
원인은 하나다

'만병일독'萬病一毒

모든 질병은 하나의 원인에서

비롯된다는 의미입니다.

그렇다면 그 하나의 원인은 무엇일까요?

바로 '혈액 순환'입니다.

혈당 불균형은 혈관을 서서히 파괴합니다.

저탄수화물 식단은

혈당을 안정화해서 건강한 혈관을 만듭니다.

히사야마 마을 이야기

일본에는 히사야마 마을이 있습니다. 히사야마는 후쿠오카 현 후쿠오카시 동부에 인접한 인구수 8,000명 남짓한 작은 마을입니다. 이 마을 주민의 연령과 직업 구성은 과거 40년 동안 전국 평균과 일치하며 주민의 영양 상태도 〈국민 영양 조사〉 결과와 매우 유사합니다. 다시 말해, 히사야마 마을은 일본인의 표준 집단이라고 할 수 있습니다.

그래서 규슈대학 의학부가 1961년부터 히사야마 마을의 40세 이상 주민들을 대상으로 현재까지 연구를 지속하고 있습니다. 이 마을은 5년에 한 번 실시하는 건강 검진 참여율이 무려 80%로 타지역에 비해 매우 높습니다. 또한 사후 부검률도 82%나 되기 때문에 정밀도 높은 연구의 근거 자료가 되고 있습니다.

그런데 1961년부터 히사야마 마을은 뇌졸중으로 인한 사망률이 너무 높아 사회 문제가 되었습니다. 보건 당국의 연구 결과, 고혈압과 당뇨병이 뇌졸중의 가장 큰 원인으로 밝혀졌습니다. 그 후 히사야마 마을에서는 고혈압과 당뇨병 예방이 가장 중요한 연구 과제가 되었습니다. 또한 당뇨병은 심근 경색, 뇌경색, 악성 종양, 알츠하이머병 등을 유발한다는 사실 또한 밝혀졌습니다. 히사야마 마을에 당뇨병의 쓰나미가 들이닥친 것입니다. 보건 당국은 상황을 심각하게 판단하고 대책을 세우고 바로 실행에 들어갔습니다.

히사야마 마을 주민 전체를 대상으로 저지방 식단을 대대적으로 권장하였습니다. 보건 당국과 의료인들은 히사야마 마을 사람들이 다시 건강을 회복할 것을 의심하지 않았습니다. 시간이 흘러 1988년과 2002년에 대대적인 역학 조사가 다시 진행되었습니다. 40~79세인 마을 주민의 80%를 대상으로 당뇨병 유병률 조사가 이루어졌습니다. 결과는 어떠했을까요? 정부와 보건 당국의 기대와 달리 당뇨병 예방 대책은 완전히 실패했습니다. 연구 책임자인 규슈대학의 기요하라 유타카 교수는 마이니치 신문에서 다음과 같이 말했습니다.

"1988년 이후, 운동과 식사법 지도 등 온갖 수단과 방법을 동원했습니다. 하지만 당뇨병과 비만은 계속 늘어났습니다. 처음부터 다시 시작하고 싶습니다!"

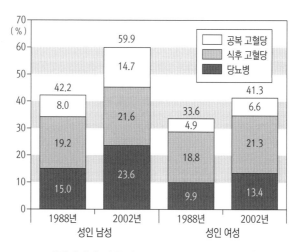

〈히사야마 마을의 당뇨병 발병률 추적 연구〉

수십 년 동안의 노력에도 불구하고 당뇨병 진단을 받은 사람은 남성이 15.0%에서 23.6%, 여성은 9.9%에서 13.4%로 증가했습니다. 또한 2002년 조사에서는 성인 남성의 약 60%가 당뇨병, 공복 고혈당, 식후 고혈당으로 진단되었습니다. 일본 후생 노동성이 실시한 국민 건강 및 영양 조사에 따르면, 2002년 당시 40세 이상 일본인의 당뇨병 비율은 남성 15.6%, 여성 8.1%로 히사야마 마을보다 낮은 비율이었습니다. 후생 노동성 조사에서 당뇨병 환자군에 대한 정의는 '현재 당뇨병 치료를 받고 있거나 당화 혈색소HbA1c 6.5% 이상'이었습니다. 결국 히사야마 마을은 14년간의 저지방 식단 그리고 운동 지도에도 불구하고 당뇨병이 증가하고 만 것입니다.

이 결과에 대해 어떻게 생각이 드십니까? 히사야마 마을은 철저한 교육과 지도를 했음에도 불구하고 당뇨병 발병률과 비만율이 과거보다 높아지는 '영양학의 역설'이 일어났습니다. 히사야마 마을 주민들은 일본 당뇨병 학회가 장려하는 저지방 식단을 지속해 왔습니다. 음식의 영양소 비율은 탄수화물 60%, 지방 20%, 단백질 20%입니다. 일본 영양학회가 공식적으로 권장하는 황금 비율입니다.

히사야마 마을의 연구는 우리에게 무엇을 시사하고 있을까요? 그것은 고탄수화물 식사를 하는 한 당뇨병과 비만을 막을 수 없다는 사실입니다. 지금까지 의사와 영양학자들은 다음과 같이 일관되게 주장해 왔습니다.

"일본은 1950년대 이후, 탄수화물 섭취가 계속 감소하고 지방 섭취가 계속 증가하여 비만과 당뇨병이 급증했다."

이 주장은 명백한 오류입니다. 일본의 탄수화물 섭취 비율은 1980년 무렵까지 서서히 감소하다가 1997년을 기점으로 완만하게 늘어나고 있습니다. 반대로 지방은 1980년 무렵까지 서서히 증가하다가 1997년을 정점으로 완만하게 줄어들고 있습니다. 칼로리에 대한 의료계와 영양학계의 상식은 잘못된 신화입니다.

굿바이 아토피, 굿바이 알레르기!

비만과 당뇨병을 앓고 있는 사람들의 공통점이 있습니다. 아토피 피부염과 같은 피부 질환을 동시에 앓고 있는 경우가 빈번하다는 것입니다. 저탄수화물 식단을 시작하면 체중 감량과 혈당이 정상화되면서 피부 질환이 개선됩니다. 건조했던 피부가 촉촉해지고 아토피 피부염이 나아지는 경우가 많습니다. 물론 모든 아토피 피부염이 저탄수화물만으로 호전되었다고 할 수는 없습니다. 하지만 피부가 좋아진다는 사실은 분명합니다.

다카오 병원에서 근무하던 직원 H는 초등학생 때부터 꽃가루 알레르기 증상으로 몸살을 앓고 있었습니다. 결국 이비인후과를 찾았습니다. 의사의 권유대로 한 달 동안 항알레르기와 스프레이 약물을 사용했지만, H는 재채기, 콧물, 코막힘 증상을 피할 수 없었습니다. 설상가상으로 숨쉬기조차 힘든 상태가 되었으며 당연히 업무에 집중할 수 없었습니다.

그러다 다카오 병원에서 처방한 한약을 복용하였습니다. 약을 먹었더니 재채기, 콧물, 코막힘이 멎고 모든 증상이 개선되었습니다. 치료받는 동안, H는 다카오 병원에서 실시하는 저탄수화물 식단에 관심을 갖게 되었습니다. 왜냐하면 한약 복용을 중단하고 싶었기 때문입니다. 그는 심기일전하여 저탄수화물 식단을 시작했습니다.

놀라운 변화가 찾아왔습니다. H는 더 이상 약물이 필요 없게 되었습니다. H는 지금도 저탄수화물 식단을 지속하고 있으며 알레르기 증상은 재발하지 않고 있습니다. 알레르기와 피부 질환의 호전은 당연히 개인차가 있습니다. 100% 호전되는 사람도 있지만 그다지 효과를 보지 못하는 경우도 있습니다. 개인적인 차이는 저탄수화물을 지속하는 기간과 몰입도에 달려있다고 생각합니다. 에스키모는 4,000년간 생고기와 날생선을 주식으로 저탄수화물 식단을 해왔습니다. 그들은 알레르기와 같은 자가 면역 질환의 이름을 모르고 살아왔습니다. 저탄수화물 식단은 알레르기 질환의 개선과 예방을 기대할 수 있습니다.

소아 자폐증과 ADHD, 식단으로 치료할 수 있다

엄마 로리는 사랑스러운 어린 아들과 행복한 시간을 보내고 있었습니다. 그러던 어느 날, 어린 아들은 알 수 없는 정신적 발작 증상을 보였습니다. 병원에서는 뇌전증간질 판정을 내렸습니다. 그녀는 아들의 뇌전증 치료를 위해 병원에서 일러준 처방대로 지극 정성으로 간호했습니다. 하지만 그녀의 노력에도 불구하고, 아들의 상태는 점점 악화하였고 약물 부작용으로 인해 끊임없이 고통받았습니다.

그녀는 점점 절망의 나락으로 빠져들어 갔습니다. 엎친 데 덮친 격으로 의료보험 적용에 문제가 생겼습니다. 가중되는 치료비 부담으로 남편과의 갈등마저 붉거졌습니다. 최악의 상황이었죠. 결국 의료진은 약물 치료를 포기하고 최종적으로 뇌수술을 권유했습니다. 하지만 뇌수술의 성공 여부는 미지수였고 심각한 수술 후유증을 예고하고 있었습니다. 그녀는 오랜 고민 끝에 수술을 거부하기로 합니다.

그녀는 홀로 도서관을 찾았습니다. 각종 의학 관련 서적과 논문을 파헤치며 스스로 뇌전증 치료법을 연구했습니다. 그리고 놀라운 발견을 하게 됩니다. 뇌전증 치료를 '식단'으로 할 수 있음을 알게 됩니다. 그녀는 어린 아들에게 약물이 아닌 새로운 식단 실험을 시작합니다. 결국 사랑하는 아들은 점차 건강을 회복하고 완치합니다.

이 내용은 메릴 스트립이 연기한 〈아들을 위하여〉원제 : First, Do No

Harm라는 영화의 줄거리입니다. 이 영화는 실화입니다. 아들의 건강을 회복시킨 식단은 무엇이었을까요? 바로 '케톤 식이 요법'입니다. 지금은 소아 청소년과에서 꽤 인지도 높은 치료 방법으로 사용되고 있는 뇌전증 치료 방법입니다. 난치성 소아 뇌전증간질은 일반적인 뇌전증 치료제를 복용해도 경련과 발작이 쉽게 가라앉지 않습니다.

그런데 난치성 소아 뇌전증은 케톤 식이 요법으로 치료가 가능합니다. 케톤 식이 요법은 총 섭취 칼로리의 75~80%를 지방으로 섭취하는 방법입니다. 미국과 유럽에서는 이미 1920년대부터 난치성 간질의 치료법으로 이용해 왔으며 효과도 확실히 증명되었습니다. 일본에서도 소아과에서 케톤 식이 요법을 채택하고 있습니다. 2~5세 아이에게 주로 시행되고 있습니다. 높은 지방 섭취율로 인해서 아이들 입맛에 맞지 않아 지속하는 데 어려움이 있습니다. 그래서 최소 2년 정도 지속하는 것을 목표로 삼고 있습니다.

사실 난치성 뇌전증과 케톤 식이 요법의 관계는 아직 명확히 밝혀지지 않았습니다. 하지만 혈중 케톤 자체가 발작을 억제하는 효과가 있는 것은 임상적으로 확실합니다. 발작을 억제할 뿐만 아니라 무기력하던 아이에게 활기를 찾아줍니다. 특히 '주의력 결핍 과잉 행동 장애'ADHD : attention deficit hyperactivity disorder를 보이던 아이가 차분해지는 등 행동 문제를 개선할 수 있는 것도 케톤 식이 요법입니다.

저탄수화물 식단을 뛰어넘는 고도의 지방식이라 할 수 있는 케톤식은 지방이 케톤으로 변환되고 그 케톤이 포도당을 대신하는 에너지원으로 이용된다는 점을 활용한 것입니다. 케톤은 뇌를 포함해 인체의 거의 모든 에너지원으로 이용되기 때문에 한 끼 식사로 손색이 없습니다. 뇌는 지방 에너지인 케톤을 충분히 이용하고 있는 것입니다. '뇌는 에너지원으로 포도당밖에 이용하지 못한다'는 기존의 명제는 분명히 틀렸음을 강조하고 싶습니다.

저탄수화물 식단은 에너지원으로서 포도당과 케톤을 모두 이용하지만, 케톤을 우선으로 사용한다는 점에서 케톤 식이 요법과 일맥상통합니다. 케톤 식이 요법은 궁극의 저탄수화물 식단이므로 계속해서 개인적인 관심을 두고 있습니다. 참고로 슈퍼 저탄수화물 식단은 전체 음식물에서 지방 섭취율 50~60%이며, 케톤 식이 요법은 70~75%입니다. 케톤 식이 요법과 저탄수화물 식단을 할 때 혈중 케톤 수치가 높아지는 것은 어디까지나 생리적인 현상으로 아무런 문제가 되지 않습니다.

오랫동안 논란의 중심에 있었던 케톤 식이 요법에 대해 드디어 희소식이 발표되었습니다. 의학 및 건강 학술지 〈코크란 도서관〉The Cochrane Library에서는 '〈영국 국가 의료 기술 평가 기구〉NCCHTA에서 케톤 식이 요법이 난치성 소아 간질 치료법으로 채택되었다'는 소식을 1면 기사로 전했습니다. 케톤 식이 요법에 대한 인정은 곧 저탄수화물 식단의 안전성을 널리 인정하는 것입니다. 더없이 기쁜 일입니다.

치매는 제3의 당뇨병이다

세상에서 가장 슬픈 병, 바로 '치매'입니다. 치매는 인간이 지켜야 할 최소한의 존엄을 잃어버리게 만듭니다. 치매의 근본 원인은 무엇일까요? 치매를 발병케 하는 원인은 너무나 많습니다. 하지만 전문가들이 알츠하이머와 같은 치매의 원인에 대해 합의하는 공통 분모가 있습니다. 바로 혈당이 높으면 알츠하이머와 같은 치매에 걸리기 쉽다는 사실입니다. 이에 관해서 과거부터 수많은 연구가 진행되어 왔습니다.

당뇨병 환자의 경우 높은 인슐린 상태로 고인슐린혈증hyperinsulin-emia인 경우가 대부분입니다. 고인슐린혈증은 혈액 내에서 높은 인슐린 상태가 지속되는 경우를 말합니다. 이 상태가 지속되면 당뇨병과 동맥 경화와 같은 질병이 발생합니다. 과학적 연구들은 고인슐린혈증이 알츠하이머병을 유발하며 당뇨병 환자는 치매에 걸릴 확률이 높다는 것을 밝혀냈습니다. 고혈당과 알츠하이머의 연관성을 밝히는 몇 가지 연구를 소개합니다.

· 규슈대학 기요하라 유타카 교수팀의 히사야마 마을 연구

치매가 없는 65세 이상 826명을 15년간 추적 조사했습니다. 그 결과, 당뇨병과 당뇨 전 단계에 있는 사람은 알츠하이머 발병 위험이 4.6배나 높은 것으로 조사되었습니다

· **로테르담 연구**Rotterdam Study

혈당이 높은 고령의 환자는 혈당이 정상인 사람에 비해 뇌혈관성 치매가 발병할 위험이 2배, 알츠하이머 발병 위험은 1.9배 높은 것으로 나타났습니다. 게다가 인슐린 주사 치료를 받는 당뇨병 환자는 발병 위험이 무려 4.3배나 높았습니다.

· **존슨**Johnson **박사팀 연구**

알츠하이머 환자의 80%는 제2형 당뇨병을 앓고 있거나 인슐린 저항성을 갖고 있었습니다. 또한 대부분의 알츠하이머 환자들은 정상인보다 포도당을 에너지로 변환하는 대사 능력이 현저하게 떨어지는 것으로 보고되었습니다.

· **고베 신문**

가코가와 병원의 임상 의사들의 연구 결과, 통원 치료를 받는 당뇨 환자의 50%이상에서 알츠하이머병 초기 증상이 보이는 것으로 밝혀졌습니다.

· **고베대학 요코노 고이치 교수의 연구**

간liver에 존재하는 인슐린 분해 효소는 혈액 속에 있는 '베타 아밀로이드'β-Amyloid 단백질을 분해하는 것으로 알려져 있습니다. 베타 아밀로이드는 알츠하이머 유발과 밀접한 관계가 있는 물질입니다. 그런데 높은 인슐린 상태인 고인슐린혈증은 베타 아밀로이드 분해 효소를 방해하는 것으로 밝혀졌습니다. 즉, 고인슐린혈증은 알츠하이머 위험을 높이는 것으로 밝혀졌습니다.

위의 연구 결과를 종합해 보면 고혈당과 알츠하이머는 정비례 관계에 있음을 알 수 있습니다. 인슐린을 투여받는 당뇨병 환자는 치매의 발병 위험이 높은 것으로 판된됩니다. 또한 로테르담 연구와 고베 대학 연구를 살펴보면 인위적으로 인슐린을 투여받거나 고인슐린혈증을 앓고 있는 환자는 베타 아밀로이드가 뇌세포에 쌓여 알츠하이머 위험이 증가함을 알 수 있습니다.

로테르담 연구를 다시 살펴보겠습니다. 혈당이 높은 고령자는 뇌 혈관성 치매와 알츠하이머의 위험도가 2배이며, 두 가지 유형의 치매가 동시다발적으로 발병하기 쉽습니다. 또한 인슐린 주사를 투여받는 환자의 위험도는 정상인보다 4.3배이며, 인슐린 및 인슐린 분해 효소가 치매에 커다란 영향을 미치는 것으로 보입니다. 이상의 연구를 종합해 볼 때 치매는 제3의 당뇨병이라고 볼 수 있습니다. 정상적인 혈당을 유지하는 것이 알츠하이머와 치매를 예방하는 해결책이라는 사실을 알 수 있습니다. 저탄수화물 식단은 치매를 예방할 수 있습니다.

피부가 맑아지고 젊어진다

요즘은 남녀노소 할 것 없이 외모에 관심이 많습니다. 특히 피부는 외모의 핵심입니다. 피부 상태가 좋지 않으면 나이에 비해 늙어 보이기 쉽습니다. 깨끗하고 탄력 있는 피부를 원하나요? 그렇다면 저탄수화물 식단을 시작하십시오. 탄수화물을 제한하면 혈액 순환과 신진대사가 원활해집니다. 자연 치유력이 좋아집니다. 혈액이 맑고 깨끗하면 노화 예방 효과를 기대할 수 있습니다. 혈액 순환이 좋아지므로 피부가 촉촉하고 매끄러워지며 모발은 탄력과 윤기가 더해집니다. 내장 지방이 줄어들기 때문에 뱃살은 빠지면서 허리 라인을 복원해 줍니다. 자신만의 숨겨진 S 라인을 다시 만날 수 있습니다. 갸름한 턱 라인은 추가로 얻을 수 있는 보너스입니다.

제가 자주 찾는 교토의 불고기 전문점 '난잔'南山이라는 곳이 있습니다. 식당 사장님은 구스모토라는 이름의 '다둥이 엄마'입니다. 한 번은 저탄수화물 모임 '아저씨 다이어트 클럽'의 회원들과 함께 고기를 먹으러 갔는데, 그녀는 자신이 경험한 식단 변화의 과정을 자세히 들려주었습니다.

그녀는 과거에 저칼로리·저지방 식단을 비롯해 온갖 식단을 시도했습니다. 하지만 매번 요요와 함께 좌절의 쓴맛을 보고 말았습니다. 잦은 다이어트로 피부가 상해서 피부관리실까지 다니느라 비용도 많이 들었다고 합니다. 지푸라기라도 잡는 심정으로 유명 다이어터의 프로그램에도 참여해 보았지만, 결국 체중 감량에는 성공하지 못했습니다.

모든 것을 포기하고 싶을 때, 우연히 제 책을 구입했습니다. 책을 모두 읽은 뒤 그녀는 귀중한 깨달음 하나를 얻었다고 합니다. '칼로리 신경 쓸 필요 없이 내가 운영하는 식당에서 파는 고기만 먹으면 되겠네!' 그때부터 오로지 고기와 채소만 먹었다고 합니다. 그 결과, 한 달 만에 5kg를 감량했으며 나중에는 무려 10kg을 감량했습니다. '다둥이 아줌마'에서 '몸짱 여성'이 된 것입니다. 제가 병원 회식을 위해 식당을 찾았을 때도 그녀는 여전히 날씬한 몸매를 유지하고 있었습니다. 그녀는 머리카락을 쓰다듬으면서 이렇게 말했습니다.

"머리카락이 가늘어서 항상 고민이었어요. 그런데 저탄수화물 식단을 한 이후, 머리카락이 굵어졌어요. 체중 감량 효과도 놀라웠지만 윤기 나는 모발을 갖게 된 것이 가장 기쁘답니다."

그녀의 미소는 저를 행복하게 했습니다. 참고로 난잔南山식당은 방목으로 키운 건강한 소고기만을 취급합니다. 공장식 축산에서 옥수수 사료를 통해 강제로 살찌운 마블링 좋은 소고기는 일절 취급하지 않습니다. 만일 당신이 교토를 여행하게 된다면 꼭 한 번 난잔의 맛을 즐겨 보시기 바랍니다. 저탄수화물 식단은 체중 감량뿐만 아니라 아름다운 피부와 모발을 만듭니다. 노화를 늦춰서 만족스러운 삶을 위한 선물합니다.

충치와 잇몸 질환이 예방된다

치아는 오복五福중의 하나입니다. 누구나 한 번쯤 치통으로 밤잠을 설친 경험이 있을 것입니다. 치아의 중요성은 참을 수 없는 통증을 통해 새삼 깨닫게 됩니다. 손상된 치아와 잇몸 치료를 위해서는 상당한 정신적 고통과 경제적 비용을 지불해야 합니다. 치아 건강은 삶의 만족도에 커다란 영향을 미칩니다.

그렇다면 치아를 잃게 만드는 원인은 무엇일까요? 바로 '충치와 잇몸 질환'입니다. 그렇다면 충치와 잇몸 질환은 왜 생길까요? 가장 큰 원인은 '플라크'plaque입니다. 플라크는 치아 표면에 들러붙어서 생기는 물질입니다. 보통 '치태'齒苔라고 한다.

어떻게 하면 플라크를 줄일 수 있을까요? 바로 탄수화물을 제한하면 됩니다. 너무 간단한가요? 플라크의 본질은 음식 찌꺼기가 아니라 살아 있는 세균 덩어리입니다. 이 세균의 영양분은 무엇일까요? 바로 탄수화물포도당입니다. 탄수화물 섭취가 많아지면 많아질수록 입 속 세균은 풍성한 동네잔치를 벌이게 됩니다. 잔치가 소문이 나면 세균들은 급속히 증가하게 됩니다. 세균은 포도당을 분해하여 에너지로 삼습니다. 이와 동시에 세균은 포도당을 흡수하고 치아를 녹이는 산酸을 쓰레기로 배출합니다. 이 산성 물질이 치아 표면을 녹이면서 충치와 잇몸 질환이 발생하는 것입니다.

저는 원래 치아가 튼튼한 편이었고 꼼꼼히 치아 관리를 해왔습니다. 하지만 매년 치과에서 스케일링을 받아야 할 정도로 플라크가 잘 생겼습니다. 스케일링을 받을 때마다 딱딱한 플라크가 잔뜩 떨어져 나오곤 했습니다. 그런데 저탄수화물 식단을 실천한 이후 놀라운 경험을 하고 있습니다. 바로 플라크치태가 전혀 생기지 않고 있습니다. 탄수화물을 제한하면 세균의 먹이가 사라지고 더 이상 번식이 어려워집니다. 자연스럽게 세균 덩어리도 급격히 줄어든 것으로 보입니다.

이러한 현상에 놀란 사람이 한 명 더 있습니다. 바로 제 담당 치과 의사입니다. 그는 제 건강한 치아와 잇몸 상태가 젊은 청년과 같다고 칭찬하곤 합니다. 저는 일상에서 플라크 관리를 다음과 같이 하고 있습니다. 초음파 칫솔로 아침마다 3분 정도 칫솔질을 하고 식후에는 30초 정도 일반 칫솔로 양치질합니다. 저탄수화물을 시작한 후 치아가 모두 건강하며 잇몸 질환도 없습니다.

다시 강조하고 싶습니다. 탄수화물을 많이 섭취할수록 치아 환경은 악화합니다. 당연한 말처럼 들리지만 의외로 많은 사람이 쉽게 놓치는 부분입니다. 탄수화물 제한으로 치아 건강을 지키는 것이 바람직합니다. 당뇨병이 있는 사람은 특히 잇몸 질환이 생기기 쉽습니다. 당뇨병 환자는 입 속 세균이 좋아하는 영양분포도당이 풍부하기 때문입니다. 만약 잇몸 질환이 생기거나 심각해진다면 자신의 혈당을 체크해 보기 바랍니다. 특히 50세 이후부터는 탄수화물을 제한하는 것이 치아 건강을 지키는 해법이라는 사실을 기억하길 바랍니다. 지금, 건강한 치아와 잇몸을 지키세요!

'만병일독'萬病一毒

'만병일독'이라는 말이 있습니다. 만 가지 질병은 하나의 원인 때문이라는 의미입니다. 그렇다면 그 하나의 원인은 무엇일까요? 바로 '혈액 순환'입니다. 혈액은 살아있는 생명의 근원과 같습니다. 그 근원을 지키는 것이 혈관의 건강입니다. 혈관이 건강하면 혈액 순환이 좋아지며 자연스럽게 면역력이 높아집니다. 건강한 혈관을 유지하는 것은 모든 질병 예방의 처음이자 끝이라고 할 수 있습니다. 높은 혈당은 즉각적으로 혈관을 망가뜨리며 혈액순환을 방해합니다. 그렇다면 높은 혈당은 왜 혈관을 파괴하는 것일까요? 여기에는 세 가지 요인이 있습니다.

첫째, 혈당이 높아지게 되면 혈관 내 '산화 스트레스'가 증가합니다. '산화 스트레스'란 체내의 산화 반응과 항산화 반응의 균형이 무너져 산화 반응이 우위를 차지하는 상태를 말한다. 산화酸化는 어떤 물질이 산소와 결합하거나 수소를 잃어버리는 것을 말합니다. 쉽게 말하면 철에 녹이 스는 현상과 같습니다. 세포를 녹슬게 하는 대표적인 요인이 바로 고혈당, 활성 산소, 흡연과 같은 독성 환경입니다. 산화 스트레스가 증가하면 혈관의 이완과 수축 기능이 떨어집니다. 이 기능들이 떨어지면 혈관에 동맥 경화와 같은 심각한 문제가 유발되는 것입니다.

둘째, 혈당이 높아지면 노화의 원인으로 알려진 '최종 당화 산

물'AGE: advanced glycation end-product이 혈액 내에 형성됩니다. 최종 당화 산물이란 단백질과 포도당이 결합한 물질로 당뇨 합병증을 유발하는 주요 원인 가운데 하나입니다. 혈액에 남아있는 포도당은 당화 반응에 의해 혈관 벽의 콜라겐과 같은 단백질에 흡착됩니다. 당과 결합한 단백질의 일부는 변성 단백질이 되고, 이것이 다시 당과 결합하여 생기는 것이 최종 당화 산물입니다. 최종 당화 산물이 쌓이면 혈관벽이 두꺼워지고 혈관 내피세포에 장애를 일으키게 됩니다.

셋째, 갑작스러운 혈당 상승은 즉각적으로 혈관을 손상시킵니다. 혈액은 일정한 시간 간격을 두고 혈관에 압력을 가하며 항산화 시스템을 가동합니다. 그런데 일시적인 고혈당은 이 시스템을 방해하며 강한 압력을 가해 혈관을 손상시킵니다. 특히 식후 혈당 수치가 급상승하는 경우가 가장 위험합니다. 이를 '혈당 스파이크'라고 부릅니다.

위 3가지 요인으로 고혈당은 동맥 경화증을 유발하고 혈액 순환을 방해합니다. 여기서 기억해야 할 것은 고혈당을 일으키는 3대 영양소는 오직 '탄수화물' 뿐이라는 사실입니다. 저지방 식사 요법으로는 고혈당을 절대 예방할 수 없습니다. 과다 탄수화물 섭취는 혈당 불균형을 일으켜 안정적인 신진대사를 망가뜨립니다. 저탄수화물 식단을 직접 실천하게 되면 고혈당으로 인한 만성 질환의 위험 요인이 사라질 것입니다. 즉 동맥 경화와 고혈압을 개선합니다. 또한 혈당 수치의 안정으로 정신적인 '고요함'도 얻을 수 있습니다.

건선, 이제 사우나를 마음껏 갈 수 있다

10년 동안 건선으로 고통받아 온 한 남성(60세)이 병원을 방문했습니다. 건선은 얼굴과 몸에 까슬까슬하게 버짐이 피는 피부병입니다. 그는 이미 온몸에 좁쌀 모양의 발진이 퍼져 있었습니다. 대학 병원에서 치료를 받았지만 도무지 개선될 기미를 찾을 수 없었습니다. 고민 끝에, 그는 제가 근무하는 병원에 찾아왔습니다. 건선은 좀처럼 완치가 어려운 피부병으로 악명이 높습니다. 하얀 각질이 머리부터 발끝까지 모든 부위에 생기는 피부 질환입니다. 경우에 따라서는 온몸으로 발진이 점점 퍼지기도 합니다. 특히 팔꿈치, 무릎, 엉덩이, 두피에 잘 생깁니다. 심해지면 고름이 생기거나 피부가 붉어지면서 피부가 벗겨지기도 합니다.

저는 그에게 저탄수화물 식단을 처방했습니다. 증상이 워낙 심했기에 한약도 함께 처방했습니다. 한 달 후, 피부 발진이 가라앉기 시작했고 3개월 만에 상당히 호전되었습니다. 6개월 뒤, 10년을 넘게 괴롭혔던 온몸의 발진은 거의 사라졌습니다. 그는 이렇게 말했습니다.

"이제 온천과 사우나를 마음 편하게 갈 수 있게 되었습니다!"

제가 근무하는 병원에 건선을 치료하고자 찾아오는 환자가 종종 있습니다. 그럴 경우, 저는 어김없이 저탄수화물 식단을 먼저 권합니다. 약 처방을 강력히 요구하는 사람은 어쩔 수 없지만 대부분 무난하게 받아들입니다. 환자들 대부분은 한 달 안에 피부 발진이 개선되었습니다. 두드러기와 붉은 발진 증상은 눈에 띄게 줄어들었습니다. 피부 질환으로 고민하십니까? 저탄수화물 식단을 지금 시작하십시오!

알레르기, 잃어버린 봄을 다시 만나다

독자의 목소리

저탄수화물 식단을 시작한 지 8개월이 지났습니다. 선생님 덕분에 당화 혈색소 수치가 5.8%로 아주 좋아졌습니다. 오늘 진료 때 깜빡 잊고 말씀드리지 못한 것이 있었습니다. 저는 30년 전부터 꽃가루 알레르기가 있어서 매년 봄이 찾아오면 심각한 눈 가려움증과 재채기에 시달려왔습니다.

그런데 올해는 약을 전혀 먹지 않았는데도 증상이 거의 나타나지 않고 있습니다. 저탄수화물 효과가 아닐까 싶습니다. 다음번 진찰 때에는 더 좋은 소식을 전달해 드리고 싶습니다. 저탄수화물 식단이 잃어버린 봄을 선물해 주었습니다.

필자의 코멘트

정말 기쁜 소식입니다. 이제 당뇨병의 굴레에서 벗어나는 것은 시간 문제라고 보입니다. 30년 동안 계속된 꽃가루 알레르기가 사라졌다는 것도 정말 축하할 일입니다. 저탄수화물 식단으로 알레르기가 개선되었다는 분들의 목소리를 계속해서 듣고 있습니다. 완벽히 증상이 사라진 경우부터 호전되었다는 반응까지 다양한 것 같습니다.

　이제 몸으로 느끼실 것입니다. 저탄수화물 식단을 실천하면 온몸의 대사가 안정됩니다. 또한 동맥 경화가 개선될 뿐만 아니라 혈액순환 흐름도 좋아집니다. 그에 따라 인체의 자연 치유력이 높아져서 당뇨병과 같은 만성 질환이 개선될 수 있습니다. 아토피 피부염에 시달리던 환자도 증상이 개선되고 피부가 촉촉해지는 경우가 많습니다. 재미있는 것은 모발에 힘이 생기고 탈모 증상이 개선되었다는 사실입니다. 잃어버린 봄을 마음껏 즐기시기 바랍니다.

Q 식품을 구입할 때 탄수화물 체크를 어떻게 해야 할까요?

A 요즘은 모든 식품에 식품 영양 표시 제도가 정착되어 소비자가 거의 모든 제품의 성분을 확인할 수 있습니다. 식품 제조업체는 식품의 영양 성분을 표시하고 있습니다. 이때 기본적으로 에너지, 단백질, 지방, 탄수화물, 나트륨의 5가지 성분이 표시됩니다. 이 중 탄수화물 함유량을 확인할 때는 g당 탄수화물 양을 체크하십시오. 먼저 탄수화물의 관계는 다음과 같이 정리할 수 있습니다.

· 영양 표시 기준에서 단백질, 지방 그리고 미네랄 가운데 어느 항목으로도 분류되지 않는 것은 탄수화물로 계산합니다.

· 탄수화물 = 당질 + 식이 섬유

· 당질 = 당류 + 당 알코올 + 3당류 이상 + 합성 감미료

· 당류 = 단당류 + 2당류

· 식이 섬유 = 체내에서 소화되지 않는 물질. 기본적으로 0kcal

· 당 알코올 = 에리스리톨, 자일리톨, 말티톨, 솔비톨

· 3당류 이상 = 전분, 올리고당, 덱스트린

· 합성 감미료 = 아스파탐, 아세설팜칼륨, 수크랄로스, 사카린, 네오탐

· 단당류 = 포도당, 과당, 갈락토스

· 이당류 = 설탕, 맥아당, 유당

📖 에베 코지 박사의 요점 정리

· 저탄수화물 식단을 통해 다음과 같은 효과를 얻을 수 있습니다.

　– 피부를 맑게 하고 피부 질환을 치료합니다.

　– 알레르기 질환을 개선하고 예방할 수 있습니다.

　– 소아 자폐증과 과잉 행동 장애ADHD을 치료할 수 있습니다.

　– 혈당을 낮게 유지하여 치매를 예방할 수 있습니다.

　– 충치와 잇몸 질환을 예방할 수 있습니다.

· 혈관을 파괴하는 삼총사는 '산화 스트레스, 최종 당화 산물
　그리고 혈당 스파이크'입니다.

· 저탄수화물 식단은 건강한 혈관을 만들어 동맥 경화와 고혈압을
　치료합니다.

7장

암에 대한 전쟁 선포

암은 두려움입니다.
하지만 두려움의 실체는
당신의 생각과 다를 수 있습니다.
두려움은 무지無知에서 비롯됩니다.
암의 치명적인 급소는
바로 포도당 공급을 끊는 것입니다.
암은 지방을 에너지원으로 쓸 수 없습니다.
저탄수화물 식단은
암을 극복하는 필살기입니다.

암은 '사회적 부적응자'

암癌, 단 한 글자만으로도 죽음의 향기가 느껴집니다. 대부분의 사람이 암을 두려워하지만, 그 실체를 구체적으로 아는 경우는 많지 않습니다. 두려움은 무지無知를 먹고 자랍니다. 도대체 암의 정체는 무엇일까요? 모든 세포는 생성과 사멸을 반복합니다. 세포는 자신의 역할을 다한 후, 한 달 이내에 수명을 다합니다. 보통 적혈구는 3개월 이내에 소멸합니다. 그리고 새로운 세포가 생성되어 죽은 세포의 임무를 다시 수행합니다. 이 끊임없는 순환 과정 속에서 우리는 생명을 유지합니다.

그런데 암이라는 녀석은 이 자연스러운 흐름에 순응하지 않습니다. 죽기를 거부합니다. 지속적으로 무한 증식을 하며 불멸을 꿈꿉니다. 1개의 암세포가 30번 세포 분열하면 10억 개, 직경 1센티, 무게 1g이 됩니다. 다시 40번 세포 분열하면 암세포는 1조 개, 무게 1kg의 암세포 덩어리가 됩니다. 이 상태가 되면 인간은 더 이상을 생명을 유지할 수 없습니다.

기억하셔야 할 것이 있습니다. 암은 외부에서 침입한 병균이 아닙니다. 내 몸속에서 정상적인 활동을 하던 세포가 변이된 것입니다. 정상 세포는 자율 신경계의 통제를 받지만, 암은 누구의 통제도 받지 않습니다. 세포가 미쳐버린 것입니다. 그런 측면에서 암은 우리 몸의 사회적 부적응자이며 소외된 부랑아입니다.

암세포는 여러 극한의 환경과 독성 요인에 의한 결과입니다. 정상 세포가 암세포로 변신하는 것은 생존의 몸부림으로 봐야 할지도 모릅니다. 살기 위해 돌연변이를 일으키는 것입니다. 폭력적인 부모 밑에서 자란 아이가 빗나가는 것과 비슷합니다. 암세포는 막다른 골목에서 극한의 생존을 도모합니다. 정상 세포의 에너지(포도당)를 강탈합니다. 암은 노폐물(젖산)에서 부족한 에너지를 보충합니다. 암세포는 사회로부터 소외된 사람들이 부유한 사람들의 재산을 습격하는 것과 같습니다. 부자들이 먹다 남긴 쓰레기로 생명을 연명하는 것입니다.

현대 의학은 일찍이 암에 대해 전쟁을 선포했습니다. 전투는 치열했고 엄청난 화력을 쏟아부었습니다. 하지만 암과의 전쟁은 1차 세계대전의 참호전처럼 아무런 성과 없이 지루하게 계속되고 있습니다. 현대 의학의 공세가 강해질수록 암의 위세도 함께 커지고 있습니다. 앞으로 암은 현대 의학이 풀어야 할 미궁의 퍼즐이며 영원한 숙제와 같습니다.

지금까지 저탄수화물 식단이 당뇨병을 비롯한 각종 만성 질환에 분명한 효과가 있음을 말씀드렸습니다. 그렇다면 저탄수화물 식단은 암을 치료하고 예방할 수 있을까요? 이 질문은 오랜 시간 저에게 '화두'와 같은 주제였습니다. 항상 머릿속에서 떠나질 않았고 암 치유에 대한 연구와 조사를 진행해 왔습니다. 지금은 어느 정도 암 치료에 대한 확신을 갖게 되었습니다. 이번 장에서는 과연 저탄수화물 식단이 암 예방 및 개선에 어떠한 효과가 있는지 다각도로 검토해 보고자 합니다.

암의 아킬레스건을 찾다

암세포는 무한 성장하는 돌연변이 세포라고 말씀드렸습니다. 암세포는 자신의 무한 확장을 위해서 정상 세포와 비교도 되지 않을 만큼 엄청난 에너지 포식자입니다. 암세포는 포도당을 정상 세포에 비해 10~100배까지 소비하며 자신의 영토를 끊임없이 확장합니다. 암의 조기 발견법으로 활용되는 '양전자 단층 촬영'PET: Positron Emission Tomography 검사가 있습니다. 이 검사는 정상 세포에 비해 다량의 포도당을 먼저 소비하는 암세포의 성질을 이용한 것입니다. 양전자를 방출하는 포도당 유사물질18-FDG을 주입한 뒤에 특수 방사선 검사를 통해 암세포가 위치한 곳을 파악합니다. 포도당 유사 물질이 가장 빨리 그리고 많이 모여 있는 부위를 암세포로 추정합니다.

암세포는 주로 포도당을 에너지원으로 삼고 있습니다. 암세포는 왜 포도당을 유독 좋아할까요? 이 질문은 매우 중요합니다. 암세포를 예방하고 퇴치할 수 있는 중요한 힌트가 담겨있기 때문입니다. 당신이 이 과정을 이해한다면 암이라는 정체불명의 괴물에 당당히 맞설 수 있습니다. 잠시 중고등학교 생물학 시간으로 돌아가 보도록 하겠습니다. 세포의 에너지 대사 과정을 좀 더 구체적으로 살펴보겠습니다. 좀 복잡할 수 있지만 암 공략을 위해서 매우 중요한 내용이니 찬찬히 읽어주기를 부탁드립니다.

정상 세포의 에너지 대사 과정을 살펴보겠습니다. 정상 세포는 크게 2가지 기관에서 에너지ATP를 생산합니다. 이 에너지ATP는 생명 그 자체입니다. 에너지 생산이 중단되는 순간, 우리는 이번 생애와 마지막 인사를 해야만 합니다. 세포는 '세포질 + 미토콘드리아'의 2개의 세포 기관을 통해서 에너지ATP를 생산합니다.

예를 들어, 포도당 1분자가 세포에 유입되면 세포질에서 2분자의 에너지ATP를 생산하며 이를 '해당 과정'glycolysis이라고 합니다. 여기서 해당解糖은 '당을 분해하는 과정'을 뜻합니다. 그 다음 미토콘드리아에서는 여러 복잡한 과정을 거쳐서 포도당 1분자에서 36개의 에너지ATP를 생성합니다. 즉, 미토콘드리아는 세포질보다 18배의 엄청난 에너지 효율을 보입니다. 그래서 미토콘드리아를 세포의 에너지 발전소라고 부르는 것입니다.

그런데 암세포는 포도당을 통해 에너지를 만들어 낼 때, 세포질의 해당 과정을 주로 이용합니다. 좀 이상합니다. 세포질은 포도당 1분자를 통해서 고작 에너지 2분자2ATP를 만들어 내는데 말입니다. 암세포는 왜 최고의 에너지 발전소인 미토콘드리아를 활용하지 않을까요? 왜 이렇게 비효율적인 에너지 대사 과정을 할까요? 의외로 해답은 간단합니다. 암세포는 미토콘드리아를 활용하지 않는 것이 아니라 원천적으로 못하는 것입니다. 그 이유는 대부분의 암세포는 미토콘드리아가 손상되었기 때문입니다. 즉, 최고의 에너지 발전소가 여러 요인으로 인해서 망가진 것입니다.

이러한 암세포의 에너지 생성 과정은 수억 년 전 원시 세포들의 에너지 대사 과정과 동일합니다. 이러한 에너지 대사 과정을 하는 생명을 보통 '세균'Bacteria이라고 합니다. 암세포의 에너지 대사는 너무너무 비효율적입니다. 이를 '와버그 효과'Warburg Effect라고 합니다. 독일의 오토 와버그 박사가 처음 발견했기 때문입니다. 보통 의사들은 암의 상태에 따라서 1기, 2기와 같이 단계를 호칭하는데, 이 진행 단계는 미토콘드리아의 손상 정도에 따라 결정됩니다. 악성 암은 미토콘드리아의 파괴 정도가 심각한 경우를 말합니다.

그렇다면 암세포는 정상 세포에 비해서 포도당이 많이 필요할까요? 적게 필요할까요? 당연히 암세포는 엄청난 포도당을 필요로 합니다. 비효율적인 해당 과정을 통해 에너지를 만들 수밖에 없기 때문입니다. 그래서 암세포는 포도당을 게걸스럽게 먹어 치우는 탐욕의 소유자입니다. 암세포는 모든 포도당을 독식하기 위해서 포도당을 세포에 넣어주는 인슐린 수용체가 정상 세포보다 50~100배 많습니다. 인슐린 수용체가 많기 때문에 다른 정상 세포보다 포도당을 엄청나게 흡수할 수 있는 것입니다.

암 환자는 암을 이겨 내기 위해 좋은 영양분을 섭취해야 합니다. 하지만 아이러니컬하게도 암 환자가 섭취한 포도당은 암세포의 자양분이 되어버립니다. 국민이 낸 세금이 마피아의 손아귀에 흘러 들어가는 것과 다르지 않습니다. 그래서 암 환자는 음식을 먹으면 먹을수록 말라갑니다. 빈혈 상태가 심해져 빈사 상태가 되어버립니다. 이와 같

은 암 환자의 영양실조를 '악액질'惡液質이라고 부릅니다. 결국 암 환자
는 영양실조로 사망하게 되는 것입니다.

암세포의 보급로를 차단하라

암세포는 죽지 않고 무한 확장한다고 말씀드렸습니다. 그런데 암
세포라는 녀석은 왜 죽지 않을까요? 그 비밀의 열쇠를 미토콘드리아
가 가지고 있습니다. 미토콘드리아는 에너지의 발전소 역할과 동시에
세포의 삶과 죽음을 관장하고 있습니다. 세포는 자신에게 문제가 생겼
을 경우, 다른 세포에 악영향을 주지 않기 위해서 스스로 죽음을 선택
합니다. 자신의 수명 주기를 다하면 생명을 다하고 사멸합니다. 이것
은 지극히 자연스러운 과정이며 생명의 순환 과정입니다.

그런데 이 세포의 순환과정을 역행하는 것이 바로 '암세포'입니다.
그 이유는 세포사를 관장하는 미토콘드리아가 고장 났기 때문입니다.
암세포는 미토콘드리아 손상으로 불멸의 삶을 영위하는 것이다. 암은
대사 과정에 근본적인 문제가 발생한 결과입니다. 그래서 암을 '대사
질환'metabolism disorder이라고 명명하는 것입니다.

그렇다면 불멸의 삶을 꿈꾸는 암세포를 막을 방법은 없을까요? 주류 의학에서 사용하는 암세포의 공략 방법은 수술, 항암, 방사선의 3대 치료입니다. 암세포를 향해 대형 폭격기로 융단 폭격을 가하는 무차별적인 공격 방법입니다. 도시 전체를 잿더미로 만드는 전면전입니다. 하지만 알아야 할 것이 있습니다. 전쟁에서 전면전이 항상 좋은 것은 아닙니다. 적군에게 타격을 주는 것만큼 무고한 양민정상 세포이 함께 몰살당할 수 있기 때문입니다. 실제 3대 치료는 정상 세포를 함께 공격함으로써 부작용과 후유증이 심각합니다. 항암 치료의 부작용을 경험한 암 환자들은 죽기보다 힘든 과정이라고 고백하기도 합니다.

그럼, 잠시 생각해 봅시다. 대부분의 병법서는 전쟁에서 전면전을 권유하지 않습니다. 아군과 민간인의 피해도 상당히 크기 때문입니다. 병법에는 '전쟁은 보급이다'라는 격언이 있습니다. 전쟁에서 이기는 현명한 방법은 적군의 보급로를 차단해야 함을 의미합니다. 암과의 전쟁도 마찬가지입니다. 암을 무한 성장시키는 보급로, 영양분을 차단시키는 것이 중요합니다. 암은 세포질에서 해당 과정을 통해 극히 비효율적인 에너지 대사를 합니다.

여기에 암을 공략하는 급소가 존재합니다. 정상 세포의 미토콘드리아는 포도당뿐만 아니라 지방케톤을 에너지원으로 사용할 수 있습니다. 핵심은 지방케톤은 세포질의 해당 과정을 거치지 않고, 바로 에너지원으로 사용될 수 있다는 사실입니다. 즉, 정상 세포는 지방케톤을 에너지원으로 사용할 수 있지만, 암세포는 지방을 에너지원으로 사용할 수 없습니다. 암은 미토콘드리아가 망가져 있기 때문에 지방케톤을 에너지로 사용할 수 없습니다.

만약 암 환자가 고지방 식사를 한다면 암세포는 굶을 수밖에 없는 것입니다. 암의 치명적인 급소는 바로 포도당 대사를 끊는 것입니다. 이것이 전면전을 하지 않고도 적을 섬멸할 수 있는 전략입니다. 만약 당신이 밥, 빵, 면과 같은 정제 탄수화물을 계속 먹는다면 포도당 수치가 빈번히 올라갈 것입니다. 이러한 탄수화물 식단은 계속해서 암세포에 포도당을 공급하는 셈입니다. 암세포는 고혈당을 너무나도 사랑합니다.

그래서 암 환자는 탄수화물을 과다 섭취해서 혈당 수치를 올려서는 안 됩니다. 저탄수화물을 통해 식후 혈당 수치를 오르지 않도록 유지한다면 암의 진행을 더디게 할 수 있습니다. 더구나 혈당 불균형을 바로잡으면 신진대사가 안정을 찾을 수 있습니다. 대사가 안정되면 면역 체계가 좋아지며 당연히 자연 치유력이 높아집니다. 탄수화물을 제한하면 케톤 수치가 높아지는데, 케톤은 악성 세포종양의 성장을 막는다는 연구 결과가 계속 보고되고 있습니다.

그렇다면 저탄수화물을 통해 암세포를 완벽하게 박멸할 수 있을까요? 안타깝게도 탄수화물 제한을 통해서 암세포를 절멸시키는 것은 어렵다고 판단됩니다. 그 이유를 말씀드리겠습니다. 세포는 포도당을 흡수하기 위해 당 수송체라는 존재가 필요합니다. 뇌와 적혈구는 당 수송체-1 GLUT1을 갖고 있으며 우선적으로 포도당을 흡수합니다.

그런데 유감스럽게도 암세포는 당 수송체-1을 엄청나게 많이 보유하고 있습니다. 이것은 암세포가 다른 정상 세포에 비해 포도당을 우선적으로 흡수할 수 있는 능력이 있음을 말하는 것입니다. 그래서 저탄수화물만으로는 암세포를 박멸하는 것이 어렵다고 말씀드리는 이유입니다. 그럼에도 저탄수화물 식단은 암세포의 무한 진격을 효과적으로 저지할 수 있습니다. 이것은 분명한 사실입니다.

암의 배후 세력들

우리가 기억할 것이 있습니다. 질병은 결과이지 원인이 아니라는 사실입니다. 암도 마찬가지입니다. 우리가 몸과 마음에 소홀했던 결과입니다. 암은 자신의 생명을 지속하기 위해 세포가 변이했다는 사실을 잊지 마십시오. 암은 거침없는 조직 폭력배입니다. 그렇다면 정상 세포를 암이라는 조직 폭력배로 이끈 배후 세력은 누구일까요? 그 배후 세력을 찾아보도록 하겠습니다.

먼저 비만한 사람과 당뇨병 환자는 암 발생 위험이 높습니다. 왜 그럴까요? 이들은 대부분 높은 인슐린 상태에 놓여있습니다. 이를 '고

인슐린혈증'hyperinsulinemia이라고 말합니다. 문제는 혈액 속에 인슐린 양이 많아지면 악성 종양이 증식하기 쉬운 환경이 마련된다는 사실입니다. 쉽게 말해서 인슐린 수치가 높아지면 암세포가 번식하기 쉬워집니다.

연구 사례 하나를 살펴보겠습니다. 캐나다의 사만다 박사팀은 당뇨병 환자 100,300명을 대상으로 '고인슐린혈증이 어떻게 암의 성장을 촉진하는가'에 대한 실험을 진행했습니다. 그 결과를 미국 당뇨병학회에 보고했으며, 다음 해 공식 논문2006을 발표했습니다. 보고서의 핵심은 다음과 같습니다.

"인슐린을 주사한 그룹은 암사망률이 1.9배, 인슐린 분비를 촉진하는 약을 복용한 그룹은 암 사망률이 1.3배 높아졌다."

사만다 박사팀은 몸속에서 분비된 것이든 외부에서 투여한 것이든 체내 인슐린양이 늘어나면 암의 진전 속도와 사망률이 높아짐을 증명하였습니다. 즉, 인슐린 수치와 악성 종양의 성장은 정비례합니다.

다른 연구사례를 살펴보겠습니다. 미국에서 〈여성 건강 미래 전략〉 Women's Health Future Strategy, 2009이라 불리는 대규모 임상실험을 실시했습니다. 실험 대상으로 폐경 이후 여성 5,450명을 선별한 후 경과를 추적 관찰했습니다. 8년 후, 실험 참가자 여성 중 190명이 유방암에 걸렸습니다. 유방암에 걸린 여성들의 원인을 추적 조사한 결과, 공복 인슐린 수치가 높을수록 유방암에 걸릴 위험이 높은 것으로 나타났습니다. 높은 인슐린 수치는 악성 종양과 깊은 연관성이 있습니다.

그렇다면 높은 인슐린 수치는 왜 암을 유발할까요? 그 이유는 인슐린 호르몬이 세포의 성장에 핵심 요소라는 것입니다. 고인슐린혈증이 암세포의 형성과 증식에 관여한다는 동물실험 결과가 있습니다. 암 전문지 〈국제 암 저널〉International Journal of Cancer에 실린 일본 후생 노동성 연구팀의 논문2007을 살펴보겠습니다. 연구팀은 일본 전국 9개 지역의 40~69세 남녀 4만 명을 대상으로 1990년부터 2003년까지 추적 조사를 실시했습니다. 흥미로운 것은 높은 인슐린 수치와 대장암 발병의 뚜렷한 관련성은 주로 남성들에게서 나타났습니다. 인슐린 수치에 의한 대장암 발병 위험은 직장암보다 결장암에서 좀 더 높게 나타났습니다. 인슐린 수치가 가장 높은 그룹은 가장 낮은 그룹보다 결장암 발병 위험이 3.5배나 높은 것으로 나타났습니다. 반면에 여성은 해당하지 않았습니다.

여성에게 인슐린 수치와 암의 관련성이 나타나지 않은 이유는 무엇일까요? 일본 여성은 서양 여성보다 상대적으로 비만율이 낮고 인슐린 수치가 높은 사람이 적었기 때문이라고 판단됩니다. 연구를 종합해 보면 혈액 속 인슐린 수치가 높을수록 남성은 대장암을, 여성은 유방암을 주의해야 함을 알 수 있습니다.

한국의 J 연구팀은 혈당과 암의 관계를 연구했습니다. 이 연구는 〈미국 의사 협회 저널〉JAMA: The Journal of the American Medical Association에 게재되었습니다. 연구 결과2005는 '남녀 모두 공복 혈당 수치가 140 이상일 때 악성 종양에 대한 발병 위험이 높다'고 보고하고 있습니다.

특히 혈당이 높을수록 췌장암의 발병 비율이 매우 높았습니다. 그다음으로 남성은 식도, 간, 결장, 직장암이 높았으며, 여성은 간과 자궁 경부암 발병 위험이 높은 것으로 나타났습니다.

〈국제 당뇨병 연맹〉IDF: International Diabetes Federation이 발표한 〈식후 혈당 수치 관리에 관한 가이드라인〉Guidelines for managing blood sugar levels after meals, 2007에 따르면 식후 고혈당은 암 발병 위험을 높였습니다. 한국의 연구에서도 증명되듯 고혈당은 췌장암의 발병과 깊은 관련이 있습니다. 성인 남녀 35,658명을 대상으로 벌인 대규모 코호트 연구cohort study에서 췌장암으로 인한 사망률과 식후 혈당 수치 사이에는 연관성이 높다는 것이 밝혀졌습니다. 참고로 코호트 연구는 동일한 특성을 공유하는 인구 집단을 대상으로 진행되는 연구를 말합니다. 식후 혈당 수치가 200을 넘는 사람은 혈당 수치 121 미만인 사람에 비해 췌장암 발병 위험은 2.15배나 높았습니다. 이와 같은 연관성은 여성보다 남성에게 강하게 나타났습니다. 식후 높은 혈당 수치가 췌장암 발병 위험을 높인다는 것은 다른 연구에서도 속속 밝혀지고 있습니다.

미국 전역에서 이루어진 〈영양 건강 조사〉2009에서는 남성 당뇨병 환자에게 악성 종양이 발병할 위험이 높다고 보고되었습니다. 유럽의 연구에서도 당뇨병으로 인한 악성 종양에는 췌장암, 대장암, 간암, 전립선암, 유방암, 자궁 내막암이 있습니다. 높은 혈당은 전방위적으로 암의 발병률을 높이고 있는 것입니다. 고혈당으로 인해 활성 산소가 늘어나고 산화 스트레스 지수가 높아집니다. 이 산화 스트레스의 증가는 세포에 유전자 장애를 일으킬 가능성이 높습니다. 고혈당은 암을 발생시키는 용의자임이 명백합니다.

〈세계 암 연구 기금〉WCRF: World Cancer Research Fund, 2007은 비만과 암의 관련성에 대해 발표를 했습니다. 그 발표의 핵심은 '고도 비만일 수록 7종류의 암에 걸릴 위험이 커진다'는 것입니다. 1960년 이후에 세계 각지에서 작성된 50만 건의 연구 논문 가운데 7천 건을 선별해 암과 체중 그리고 식단의 상관관계를 분석했습니다.

그 결과 비만은 유방암, 췌장암, 직장암, 식도암, 자궁암, 신장암, 담낭암에 걸리기 쉬웠습니다. 비만은 인슐린 호르몬의 기능을 떨어뜨립니다. 세포가 더 이상의 인슐린을 거부하는 상태가 됩니다. 이를 '인슐린 저항성'insulin resistance이라고 합니다. 세포가 인슐린 저항성 상태가 되면 혈액은 높은 인슐린 상태가 됩니다. 높은 인슐린 상태는 암의 성장과 확장을 돕는 기폭제 역할을 하는 것입니다. 이를 간단히 도식화하면 다음과 같습니다.

비만 → 인슐린 저항성 → 고인슐린혈증 → 암 발생

〈전미 건강 실태 조사〉NHANES는 지방 섭취율과 비만율의 관계를 30년간 조사하였습니다. 이 기간에 미국은 지방 섭취 비율은 꾸준히 감소했음에도 비만은 2배 증가했습니다. 30년 동안 늘어난 것은 오직 '탄수화물 섭취 비율'이었습니다. 이 데이터에 의하면 과다 탄수화물 섭취가 비만의 유력한 용의자라고 할 수 있습니다. '비만, 인슐린 저항성 그리고 고인슐린혈증'은 명백히 암을 유발하는 위험 세력이며, 이 세력의 주동자는 과다 탄수화물이라고 할 수 있습니다. 과다 탄수화물의 습관을 지금 바꾸십시오!

에스키모는 왜 암이 없었을까?

권위 있는 영국 의학 전문지 〈랜싯〉The Lancet에 〈에스키모와 암에 관한 논문〉Cancer patterns in Inuit populations, 2008이 게재되었습니다. 논문의 내용은 다음과 같습니다. 에스키모는 알래스카, 캐나다 북서부 그린란드 극지방에서 살아왔습니다. 20세기 초반까지 에스키모에게는 악성 종양이 거의 존재하지 않았습니다.

하지만 20세기 후반, 에스키모 사회는 라이프 스타일에 큰 변화를 겪게 됩니다. 서구화된 식사와 성문화, 흡연 문화가 전파되었습니다. 이러한 전파와 더불어 악성 종양, 특히 폐암, 대장암, 유방암이 급속히 증가했습니다. 이 모든 변화는 환경적 요인과 밀접한 관련성을 갖고 있습니다. 이 논문을 바탕으로 에스키모의 식단 역사와 암의 변천사를 잠시 살펴보고자 합니다.

20세기 초반까지 에스키모는 주로 날고기나 날생선을 먹는 식단을 유지해 왔습니다. 무려 4,000년 동안 에스키모의 식단에는 밀과 같은 곡물 음식은 존재하지 않았습니다. 그러다 1910년대부터 서서히 서구인과 교류가 왕성해지면서 외부에서 바이러스헤르페스가 에스키모 사회로 전염되었습니다. 바이러스에 대한 면역이 없었던 에스키모들에게 식도암과 침샘암이 급속도로 증가했습니다. 무역회사들이 캐나다 동부 북극해 연안으로 진출했으며 각지에 모피 교역소가 설치되었습니다. 이때부터 에스키모에게 정제 탄수화물 식단이 급속히 전파되기 시작했습니다.

서구와의 교류가 활발해지기 시작한 지 30~40년이 흐른 1950년. 이때부터 에스키모에게 폐암, 대장암, 유방암과 같은 서구형 암이 급속히 증가하기 시작했습니다. 더불어 에스키모 사회에는 존재하지 않았던 술, 담배, 마약과 같은 약물이 급속도로 침투하였습니다. 청정의 삶을 살았던 에스키모에게 죽음의 그림자가 덮친 것입니다. 〈에스키모와 암에 관한 논문〉이라는 논문을 정리하면 다음과 같은 결론을 얻을 수 있습니다.

· 에스키모에게 외부 바이러스헤르페스가 전파된 후, 식도암과 침샘암이 급속도로 늘어났습니다.
· 에스키모에게 정제 탄수화물이 전파되면서 암이 급속히 증가했습니다.
· 에스키모가 저탄수화물 식단을 유지할 때는 암이 존재하지 않았습니다.

· 에스키모는 수천 년 동안 정제 탄수화물밥, 빵, 면을 섭취한 적이 없었습니다.

에스키모는 환경적 요인에 의해 철저하게 저탄수화물을 실천해 왔습니다. 그들은 암, 당뇨병, 혈관 질환과 같은 만성 질환의 어두운 그림자를 만나본 적이 없었습니다. 캐나다 맥길 대학의 〈원주민 영양 환경 연구 센터〉Center for Indigenous Peoples' Nutrition and Environment, 1993의 조사에 따르면 에스키모의 젊은 세대는 햄버거, 피자, 감자칩, 콜라, 초콜릿을 선호하며 섭취 칼로리의 대부분이 탄수화물을 대량 함유한 정크 푸드였습니다. 이제 에스키모에게 폐암, 대장암, 유방암, 당뇨병, 비만과 같은 만성 질환이 서구 사회의 증가율을 압도하고 있습니다.

암을 예방하는 저탄수화물 식단의 과학적 증거

세계적인 암 전문 학술지 〈암 연구〉Cancer Research에 〈저탄수화물, 고단백질 식이 요법은 악성 종양의 성장을 억제하고 암을 예방한다〉A low carbohydrate, high protein diet slows tumor growth and prevents cancer initiation, 2011라는 논문이 실렸습니다. 논문을 요약하면 다음과 같습니다.

연구자들은 암세포가 정상 세포보다 포도당에 대한 의존도가 높은 것에 착안해 저탄수화물 식단과 고탄수화물 식단을 쥐 실험을 통해서 비교 연구했습니다. 참고로 저탄수화물·고단백질 식단의 영양소 비율은 탄수화물 15.6%, 단백질 58.2%, 지방 26.2%의 비율이었습니다.

실험을 진행한 결과, 저탄수화물 식단을 먹인 쥐는 고탄수화물 식단을 먹인 쥐와 다르게 악성 종양이 더디게 성장한다는 것을 발견했습니다. 또한 저탄수화물 음식을 먹인 쥐는 낮은 혈당과 인슐린 수치를 보였으며 암을 성장시키는 젖산 수치도 낮았습니다. 즉, 저탄수화물 식단은 암의 성장을 더디게 하는 항암 효과를 보인 것입니다. 또한 유전적으로 유방암에 걸릴 확률이 매우 높은 쥐에게 악성 종양이 발생할 확률은 고탄수화물 식단의 경우에는 50%에 달했으나 저탄수화물 식단에서는 악성 종양이 검출되지 않았습니다.

중요한 차이가 하나 더 있습니다. 고탄수화물 식단을 한 쥐는 저탄수화물 식단을 한 쥐와 다르게 체중이 늘어났다는 사실입니다. 게다가 암과 관련한 사망으로 정상적인 생존 기간을 넘긴 쥐는 고작 1마리에 불과했습니다. 하지만 저탄수화물 식단을 섭취한 쥐는 50% 이상이 정상 생존 기간을 넘었습니다. 상기 연구를 종합해 보면 저탄수화물 식단은 비만뿐만 아니라 암의 성장과 진행을 억제하는 가능성을 증명하였습니다. 물론 상기 실험은 실험 쥐를 대상으로 한 연구이므로 인간에게 그대로 적용할 수는 없습니다. 다만 악성 종양의 치료에 무척 매력적인 결과라고 할 수 있습니다.

미국 터프츠 대학 〈분자 심장학 연구소〉Molecular Cardiology Research Institute의 리처드 카라스Richard Karas 박사 연구팀은 〈미국 심장 학회지〉에 다음과 같은 연구 결과를 발표했습니다. HDL 콜레스테롤이 높은 사람은 심장질환 발병 위험이 50%에서 33%로 줄어들 뿐만 아니라 암 발병 위험도 대폭 감소합니다. HDL 콜레스테롤의 혈중 농도와 암 발병 사이에는 중요한 연관성이 있습니다. 이는 지금껏 알려지지 않았던 HDL 콜레스테롤의 중요한 역할을 뒷받침하고 있습니다.

이 연구는 HDL 콜레스테롤 수치와 암의 관계를 종합적으로 해석한 최초의 연구입니다. 연구 사례가 무려 145,743건의 대규모 실험으로 추적 기간은 평균 5년, 암 발병 숫자는 8,185건에 달합니다. 연구 결과에 따르면 HDL 콜레스테롤 수치가 10 높아질 때마다 암 발병 위험이 36% 낮아졌습니다. 이 연구 결과는 LDL 콜레스테롤 수치와 연령, 체질량 지수BMI, 당뇨병 유무, 성별, 흡연 상황 등 다른 위험 인자와는 독립된 것입니다. 탄수화물을 제한하면 거의 모든 사람의 HDL 콜레스테롤 수치가 상승합니다. 다시 말해 탄수화물을 제한하면 심근 경색과 암을 예방할 수 있다는 증거입니다.

그렇다면 저탄수화물 식단은 모든 종류의 암을 예방할 수 있을까요? 그럴 수 있다면 좋겠습니다. 하지만 모든 암을 예방할 수는 없을 것 같습니다. 의학계에서는 암을 크게 '아시아형'과 '서구형'으로 분류하는 경향이 있습니다. 그 이유는 암의 발병 원인이 각각 다르기 때문입니다. 아시아형 암은 세균이나 바이러스 감염이 주요 원인인 경우가 많습니다. 위암, 간암, 자궁경부암 등이 이에 속합니다. 서구형 암은 식단, 흡연과 같은 라이프 스타일에 크게 좌우됩니다. 폐암, 대장암, 유방암, 전립선암, 자궁내막암 등이 그것입니다.

일본의 경우, 오래전부터 1위를 기록하는 암은 '위암'입니다. 자궁 경부암, 간암이 그 뒤를 따르고 있습니다. 이들은 모두 바이러스 감염이 원인인 아시아형 암이라는 특징이 있습니다. 위암은 '헬리코박터 파일로리'Helicobacter Pylori라는 세균 감염이 주원인입니다. 위암은 위생 환경과 관련성이 높습니다. 상하수도와 냉장고가 보급되면서 위암 발병률은 감소하기 시작했습니다. 자궁 경부암은 '인유두종 바이러스'HPV: Human Papilloma Virus, 간암은 C형과 B형 간염 바이러스가 주원인입니다.

미국에서도 1950년대 이전까지는 아시아형 암인 위암 사망률이 가장 높았습니다. 하지만 1950년대 초반에 들어 서구형 암의 대명사인 폐암 사망률이 위암 사망률을 추월하기 시작했습니다. 일본은 1990년대 초반에 이르러서 폐암 사망률이 위암 사망률을 추월했습니다. 미국보다 40년 늦게 뒤쫓아가고 있는 셈입니다.

그럼, 저탄수화물 식단과 아시아형 암의 관계를 생각해 보겠습니다. 바이러스가 주원인인 아시아형 암에는 저탄수화물 식단이 해결책으로 보이지는 않습니다. 왜냐하면 저탄수화물 식생활을 하던 에스키모 사회도 바이러스 감염에 의한 식도암과 침샘암이 늘어난 것을 보면 유추해 볼 수 있습니다. 식단이 주원인인 서구형 암은 어떨까요? 먼저 대장암과 유방암을 생각해 보겠습니다. 과거 일반인들 사이에서는 대장암과 유방암을 유발하는 위험 원인이 동물성 음식 특히 지방의 과다 섭취라는 편견이 상식처럼 굳어져 왔습니다.

하지만 〈미국 의사 협회 저널〉JAMA, 2006에 보고된 연구 논문에 의하면, 지방을 전체 식단에서 20%로 철저하게 제한한 저지방 그룹은 비교 그룹에 비해 대장암 및 유방암의 발병 위험을 전혀 낮추지 못했습니다. 이 연구는 무려 8년에 걸쳐 5만 명을 추적 조사한 대규모 연구였습니다. 이 연구를 통해 동물성 지방은 대장암과 유방암에 관한 한 발암 인자가 아니라는 사실이 증명되었습니다. 대부분의 음식을 동물성 음식을 섭취했던 에스키모에게 대장암과 유방암이 거의 없었다는 사실은 이 연구를 간접적으로 증명하고 있습니다. 이상을 종합해 보면 서구형 암의 결정적인 위험 인자는 '지방이 아니라 탄수화물'이라고 할 수 있습니다.

저혈당과 고혈당의 롤러코스터에서 벗어나다

독자의 목소리

저는 28세에 십이지장 궤양 천공으로 십이지장과 위의 80%를 절제했습니다. 수술 이후 53세가 된 지금까지도 덤핑 증후군의 하나인 저혈당 증상에 시달렸습니다. '덤핑 증후군'Dumping syndrome은 위 절제 수술을 받은 뒤에 나타나는 수술 후유증입니다. 덤핑Dumping은 '대량으로 쏟아붓는다'라는 의미입니다. 위 절제로 인해 장이 짧아지면서 다량의 음식물이 소장으로 급격히 이동하면서 발생하는 부작용을 말합니다.

식후 2~3시간이 지나면 어김없이 찾아오는 저혈당의 공포는 표현할 수 없는 고통이었습니다. 저혈당의 아득함은 겪어보지 못한 사람은 알 수 없을 것입니다. 식사하는 것 자체가 공포스러웠을 정도였으니까요. 식후 1시간 이내에 혈당이 200을 넘어서고 그 후 1~2시간 만에 혈당이 70~80까지 곤두박질치곤 합니다. 의사들은 이렇게 조언했습니다.

"갑작스럽게 저혈당 증상으로 몸이 떨리면 달콤한 음식을 드세요"

그래서 저는 저혈당에 대비하기 위해 항상 사탕과 초콜렛과 같은 비상식량을 지니고 다녔습니다. 그러던 중 최근 식후 혈당이 300 가까이 오르고 체중이 급격히 불어났습니다. 이제는 저혈당 증상은 사라지고 당뇨병 증상이 찾아왔습니다. 살기 위해 이를 악물고 운동을 했습니다. 다행히 체중은 많이 감량했지만 이상하게도 피로감은 사라지지 않았습니다. 다양한 노력에도 불구하고 좀처럼 당뇨병 증상인 만성 피로는 나아지지 않았습니다. 결국 의사가 처방한 당뇨약을 복용하면서 혈당은 110~230을 오가고 있었습니다.

그러다 우연히 선생님의 책과 블로그를 만났습니다. 지푸라기라도 잡고 싶은 심정이었습니다. 시험 삼아 돼지고기와 채소를 기름에 볶아서 먹어보았습니다. 그리고 1시간 뒤 혈당 수치를 체크했습니다. 혈당 수치는 123, 2시간 뒤에는 121이었습니다. 제 눈을 의심할 수밖에 없었습니다. 이 수치들은 과거 저혈당 증상을 경험했을 때의 수치에 가까웠습니다. 하지만 저혈당의 고통은 없었습니다. 위 절제 수술 이후 덤핑 증후군이 있으신가요? 그렇다면 저탄수화물을 시작하십시오. 당신에게 한 줄기 빛을 안겨줄 것입니다.

필자의 코멘트

저는 솔직히 덤핑 증후군 환자에게 저탄수화물 식단을 지도한 경험은 없습니다. 덤핑 증후군 환자의 경험 사례는 저에게 많은 공부가 되었습니다. '식후 1시간이 되기도 전에 혈당이 200을 넘고 그 후 한두 시간 만에 70~80까지 단숨에 내려갔다.' 이 증상은 전형적인 저혈당 증상 그 자체입니다. 위와 십이지장을 절제한 경우, 음식물의 통과와 흡수가 **빨라져서** 급격한 고혈당을 일으킨 것입니다. 추가로 인슐린이 과다 분비되면서 2시간 뒤 저혈당이 되는 것입니다.

위 절제를 하지 않은 사람 중에도 저혈당을 일으키는 환자가 많습니다. 당뇨병 환자 중 많은 분이 저혈당 증상의 고통에 **빠져있습니다.** 저탄수화물 식단은 당신을 저혈당의 함정에서 구출할 것입니다. 식후 고혈당이 생기지 않으므로 인슐린 과다 분비도 없고, 혈당 수치의 급격한 감소도 없습니다. 지금 저혈당 증상을 경험하고 있다면 아직 췌장이 충분한 인슐린 기능이 남아 있다는 방증입니다. 그렇다면 약물 처방 없이도 당뇨병과 덤핑 증후군 모두 조절할 수 있습니다. 좋은 소식입니다!

Q 식용유는 어떤 것을 써야 안심이 될까요?

A 필수 지방산은 체내에서 합성되지 않아 반드시 식품으로 섭취해야 합니다. 필수 지방산이 결핍되면 몸의 성장 부진, 탈모, 신장 장애의 문제가 생깁니다. 우리가 섭취해야 할 필수 지방산은 리놀레산오메가6과 리놀렌산오메가3이 있습니다. 그런데 전 세계적으로 리놀레산오메가6 과다 섭취가 문제 되고있습니다. 그 이유는 콩기름, 포도씨유, 카놀라유, 해바라기유와 같은 씨앗 기름을 지나치게 섭취하고 있기 때문입니다. 리놀레산오메가6은 산화하기 쉽습니다. 과다 섭취하면 암, 심장병, 혈관 질환, 알레르기성 질환을 유발합니다. 한편, 체내에서 DHA와 EPA 영양소로 전환되는 리놀렌산오메가3은 오히려 섭취량이 줄어드는 경향을 보이고 있습니다. 생선을 충분히 섭취해 DHA나 EPA를 보충해야 합니다. 리놀렌산오메가3은 들기름, 올리브 오일, 녹색 채소에 많이 들어 있습니다. 요리에 좋은 기름은 소기름, 양기름, 돼지기름과 같은 포화 지방입니다. 포화 지방은 산화하기 어렵고 염증도 발생시키지 않습니다. 음식 맛이 더 좋아지고 건강에도 좋습니다.

📖 에베 코지 박사의 요점 정리

· 암은 DNA와 미토콘드리아가 손상된 세포입니다.

· 암은 주로 포도당을 에너지원으로 사용합니다.

· 정상 세포는 포도당과 지방, 2가지 모두를 사용할 수 있습니다.

· 암은 미토콘드리아가 손상되어 지방을 에너지로 삼지 못합니다.

· 밥, 빵, 면과 같은 정제 탄수화물을 계속 먹는다면,
  암의 먹이인 포도당을 지속적으로 공급하는 것입니다.

· 저탄수화물 식단은 암의 에너지 보급로를 차단하는 방법입니다.

· 비만, 고혈당 그리고 고인슐린혈증은 암의 강력한 배후 세력입니다.

· 비만은 인슐린 수치를 높이며 암 발생 확률을 높입니다.

· 저탄수화물 식단은 HDL 콜레스테롤 수치를 높이며
  암과 혈관 질환을 예방하는 효과가 있습니다.

· 과도한 씨앗 기름은 혈관에 염증과 산화를 일으킵니다.

착한 지방, 나쁜 지방 그리고 악독한 지방

식용유^{지방}는 요리할 때 반드시 필요한 존재입니다. 지방이 없으면 음식의 맛이 없기 때문입니다. 먼저 지방에 대해서 간단히 교통 정리를 해보고자 합니다. 상온에서 고체의 형태를 띠면 포화 지방, 상온에서 액체의 형태를 띠면 불포화 지방이라고 합니다. 포화 지방이 상온에서 고체인 것은 화학적으로 안정적 상태이며, 불포화 지방이 액체의 형태인 것은 화학적으로 불안정한 상태임을 말합니다. 화학적으로도 포화 지방이 불포화 지방보다 우월함을 알 수 있습니다.

포화 지방			육류, 달걀, 버터, 치즈, 코코넛 오일, 팜유
불포화 지방	단 불포화	오메가9	올리브 오일
	다 불포화	오메가6	씨앗 기름(콩, 옥수수, 홍화, 카놀라, 유채씨)
		오메가3	들기름, 아마씨, 생선 기름
트랜스 지방			마가린, 쇼트닝

과거 보건 당국은 건강을 위해서 '포화 지방을 피하고, 불포화 지방 섭취를 늘리라'고 정책적으로 안내해 왔습니다. 포화 지방은 나쁜 지방, 불포화 지방은 좋은 지방이라고 말입니다. 하지만 이는 무지에 근거한 잘못된 보건 정책의 표본이었습니다. 이러한 논리가 일반인들에게 설득력을 가졌던 것은 상온에서 고체인 포화 지방을 먹으면 우리 몸에 들어가서도 그대로 고체의 형태를 유지하여 혈관을 막히게 할 수 있다는 '논리의 단순성'에

있습니다. 돼지 기름을 하수구에 버리면 상수도관이 막힐 수 있다는 논리와 유사합니다. 하지만 이는 생리학에 대한 몰이해에서 비롯된 엉터리 상식입니다. 우리가 먹는 지방은 바로 지방의 형태로 혈관을 돌아다닐 수 없기 때문입니다. 포화 지방은 불포화 지방과 달리 우리 몸에 산화와 염증을 일으키지 않습니다.

최근 우리의 건강을 위협하는 가해자는 포화 지방이 아니라 불포화 지방, 특히 '씨앗 기름' 오메가6입니다. 어느새 씨앗 기름은 기름 영역에서 독보적인 존재로 전체 시장을 독점하고 있습니다. 예를 들어, 콩기름, 옥수수기름, 카놀라유, 유채씨유, 해바라기씨유, 홍화씨유 등입니다. 명절에 가장 흔하게 유통되는 선물 세트이기도 합니다.

씨앗 기름의 가장 큰 장점은 가격이 매우 쌉니다. 보관이 용이하며 요리할 때도 사용하기 편합니다. 일반 식당에서는 음식의 맛을 높이기 위해 씨앗 기름을 거의 들이붓듯이 쓰고 있습니다. 오메가3 지방산과 오메가6 지방산은 우리 몸에 반드시 필요한 필수 지방산입니다. 오메가3 지방산은 염증과 산화를 낮추며, 오메가6 지방산은 세포의 성장과 뇌와 피부 건강에 중요한 역할을 합니다.

그런데 씨앗 기름이 왜 문제가 될까요? 첫째, 오메가6 지방산 씨앗 기름이 너무나 많이 소비되고 있기 때문입니다. 우리가 건강한 몸을 유지하기 위해서는 오메가3 지방산과 오메가6 지방산이 균형을 이뤄야 합니다. 오메가3와 오메가6의 최적 상태는 1 : 1 비율입니다. 그런데 현재 두 지방산의 소비 비율은 1 : 15, 즉 오메가6 지방산을 15배 이상 섭취하고 있습니다. 더구나 오메가6 지방산의 섭취는 매년 늘어나고 있습니다. 공장에서 대량으로 생산

되는 대부분의 가공식품에는 다량의 씨앗 기름과 합성 감미료가 투하되고 있습니다. 씨앗 기름을 과다하게 섭취하면 몸에서는 산화와 염증이 폭풍처럼 일어납니다. 이러한 연쇄 반응은 세포에 치명적인 영향을 미칩니다. 특히 세포의 미토콘드리아에 치명적인 장애를 일으킵니다.

예를 들어 자동차가 운행되기 위해서는 가솔린과 엔진 오일이 필요합니다. 우리 몸에서 엔진 오일의 역할을 하는 것이 바로 필수 지방산오메가3,6이라고 할 수 있습니다. 그런데 과도한 씨앗 기름의 섭취는 차량 연료통에 가솔린 대신 엔진 오일을 들이붓는 것과 같습니다. 그러면 자동차는 어떻게 될까요? 오래되지 않아 엔진이 망가져서 작동 불능 상태가 될 것입니다. 우리가 과도한 씨앗 기름을 먹는 것도 이와 다르지 않습니다.

둘째, 씨앗 기름을 생산하는 과정 자체에 문제점이 있습니다. 콩, 옥수수 등의 식물은 가루로 만들어도 기름을 쉽게 뽑아낼 수 없습니다. 기름을 추출하려면 '헥산'hexane이라는 등유 성분을 사용합니다. 유기 용매인 헥산을 사용해서 식물 씨앗에 들어 있는 기름 성분을 녹여내는 것입니다. 이 용제는 인체에 유해하며 독특한 냄새를 갖고 있습니다. 그래서 공정 단계에서 섭씨 250도 정도로 가열해서 용제를 휘발시킵니다. 이 과정에서 독성 물질 '하이드록시노네날'이 일부 발생합니다.

또한 이러한 정제 씨앗 기름은 높은 온도에서 요리할 경우, 트랜스 지방으로 변성되는 비율도 높습니다. 이러한 값싼 기름이 우리가 시중에서 흔히 사용하는 식용유씨앗 기름입니다. 옥탄가가 낮은 저질 휘발유를 사용하면 자동차의 엔진이 손상됩니다. 인체도 마찬가지입니다. 정제 씨앗 기름은 세포의 염증과 산화를 일으키는 물질로 작용하고 있습니다.

마지막으로 말씀드릴 지방은 마가린, 쇼트닝, 팻 스프레드 등의 트랜스 지방입니다. 씨앗 기름보다 더 나쁜 가공 지방입니다. 이 지방은 씨앗 기름에 '수소 첨가'라는 화학 처리를 통해서 만듭니다. '수소 첨가'란 탄소의 이중 결합 부분에 수소를 붙여 분자 구조를 안정화하는 처리법입니다. 즉, 석유를 화학 처리해서 플라스틱을 만들듯이 식용유를 화학 처리해서 마가린이나 팻 스프레드를 만든다고 생각하면 됩니다. 트랜스 지방은 영구적인 유통 기한을 약속합니다. 이것은 무슨 의미일까요? 미생물조차도 거들떠보지 않는 식품이라는 것입니다. 미생물조차 분해하지 않는 식품, 이것은 식용 플라스틱과 다를 것이 없습니다.

그럼, 우리는 어떤 기름을 먹어야 할까요? 포화 지방을 드십시오. 포화 지방은 안정적인 화학구조를 갖고 있으며 산화가 잘되지 않습니다. 변질이 잘되지 않기 때문에 안전하게 사용할 수 있습니다. 포화 지방으로 라드돼지기름, 텔로소·양기름, 버터, 코코넛 오일을 드십시오. 불포화 지방으로는 올리브 오일, 아보카도 오일, 들기름을 가열하지 말고 샐러드에 생生으로 뿌려서 드십시오.

주방을 채우고 있는 씨앗 기름을 쓰레기통에 처넣으십시오. 아까워하지 마십시오. 특히 모든 정제 가공식품은 씨앗 기름과 합성 감미료의 결정체입니다. 아이들에게 과자를 사주지 마십시오. 씨앗 기름과 합성 감미료는 아이들의 과잉 행동 장애ADHD와 우울증에 밀접한 관련성이 있습니다. 또한 노인분들의 뇌 신경 세포에도 악영향을 미칩니다. 저는 씨앗 기름과 합성 감미료가 치매를 유발하는 강력한 용의자라고 보고 있습니다. 이제 씨앗 기름과 결별하기를 바랍니다.

8장

무엇을 먹을것인가

지방과 단백질이
풍부한 음식을 마음껏 드십시오.
배고픔과 싸우지 마십시오.
저탄수화물 식단은
지방을 태우는 몸을 만듭니다.
단계적으로 시도하는 것이 좋습니다.
운동량이 높은 사람이라면
비정제 곡물을 적당량 섭취해도 괜찮습니다.

맛있고 즐겁게 먹자!

저탄수화물 식단의 원칙은 탄수화물을 최대한 제한하여 식후 고혈당을 예방하는 것입니다. 밥, 빵, 면과 같은 정제 탄수화물을 최대한 자제하고 건강한 음식을 먹자는 이야기입니다. 당연히 밀가루로 만든 가공식품은 최우선으로 피해야 할 음식입니다. 과자, 케이크, 탄산음료, 과일주스는 탄수화물 폭탄의 원흉입니다. 이제 공장 음식과 이별을 준비해야 합니다.

그렇다면 어떤 음식을 먹어야 할까요? 최대한 원형 그대로의 음식을 드십시오. 지방과 단백질이 풍부한 음식을 드십시오. 주된 음식으로 육류와 생선을 배불리 먹는 것입니다. 저탄수화물 식단은 배고픔과 싸우며 칼로리 제한을 할 필요가 없습니다. 저는 환자들에게 '맛있고 즐겁게!'라는 슬로건과 함께 저탄수화물 식단을 설명하고 있습니다. 이 식단을 통해 살찐 사람은 체중이 줄어들고 마른 사람은 적정한 체중을 되찾게 될 것입니다. 술도 마실 수 있습니다. 소주 · 위스키와 같은 증류주를 추천하며 레드 와인도 좋습니다.

하지만 저탄수화물 식단에도 불구하고 체중이 쉽게 줄어들지 않는 안타까운 경우도 있습니다. 세상에는 체중 감량이 쉬운 사람이 있는가 하면, 반대로 체중 감량이 어려운 사람도 있습니다. 이러한 차이는 왜 발생할까요? 가장 결정적인 요인은 '기초 대사'basal metabolism입니다. 기초 대사란 아무것도 하지 않는 상태에서도 소비되는 에너지, 즉 생명을 유지하는 데 필요한 최소한의 에너지를 말합니다. 쉽게 말하면 아무것도 안 하고 숨만 쉬고 있어도 필요한 에너지입니다.

교토 부립 의과 대학 요시다 도시히데 교수의 〈일본인에게 가장 잘 맞는 다이어트〉에 따르면 일본 여성의 하루 평균 기초 대사량은 1,200kcal입니다. 개인별 편차가 커서 작게는 600kcal부터 많게는 2,400kcal입니다. 예를 들어 하루 기초 대사량이 800kcal밖에 안 되는 사람이라면 하루 식사를 1,200kcal로 제한해도 좀처럼 살이 빠지지 않는다는 결론이 나옵니다.

기초 대사가 낮은 사람은 이른바 '절약 유전자'thrifty gen를 지녔을 확률이 높습니다. 절약 유전자란 영양분을 소비하지 않고 지방으로 저장하는 역할을 하는 유전자입니다. 즉, 기초 대사를 낮추는 유전자입니다. 미국의 피마 인디언에게 최초로 발견되었습니다. 피마 인디언 부족은 9~13세기쯤에 아시아에서 북미 지역으로 장거리 이동을 했습니다. 먼 거리를 횡단하기 위해 장시간 영양 결핍 상태를 견뎠습니다. 그 혹독한 과정을 통해 피마 인디언들에게 기아飢餓에 강한 유전자, 즉 '절약 유전자'가 발달했을 것으로 추측하고 있습니다.

동양인 중에도 소수지만 절약 유전자를 지닌 사람이 분명 존재합니다. 만약 당신이 절약 유전자를 가지고 있다면 에너지 절약형 몸을 소유하고 있는 것입니다. 이 경우는 안타깝게도 저탄수화물의 효과가 낮을 수 있습니다. 이럴 경우는 '저탄수화물 + 칼로리 제한'을 함께 진행하기를 바랍니다. 여성이라면 하루 1000~1200kcal, 남성이라면 1400~1600kcal를 기준으로 칼로리를 제한하면서 동시에 저탄수화물을 시도하길 바랍니다. 그럼, 당신도 체중을 감량할 수 있습니다.

음식의 탄수화물 함량을 기억하자

저탄수화물 식단은 복잡한 칼로리 계산을 요구하지 않습니다. 가장 중요한 것은 탄수화물 함량이 높은 식품을 미리 파악해 두고 식사 때마다 탄수화물 식품을 피하는 것입니다. 당신은 밥, 빵, 면과 같은 주식은 탄수화물이 많다는 것을 이미 알고 있습니다. 채소 중에는 감자, 고구마와 같은 뿌리 식품에 탄수화물 함량이 높습니다. 우유는 100ml당 5g의 탄수화물이 포함되어 있어 탄수화물이 낮은 식품에 해당합니다. 하지만 하루에 2~3L를 마시는 사람은 주의해야 합니다. 커피에 우유를 넣는 정도라면 문제가 되지 않습니다. 과일에 들어 있는 탄수화물 함유량은 다음의 표를 참고하기를 바랍니다. 과일에 들어 있는 탄수화물은 과당, 포도당, 당알코올 등입니다. 물론 과일 종류에 따라 비율은 조금씩 다릅니다.

그런데 과당은 10% 정도만 포도당으로 바뀝니다. 혈당 수치를 거의 올리지 않습니다. 과일의 탄수화물은 곡물의 탄수화물에 비해 혈당 수치 상승이 매우 적다고 할 수 있습니다. 곡물의 전분 1g이 혈당 수치 3을 상승시킬 때 과일의 탄수화물 1g은 그 절반인 1.5를 상승시킵니다.

〈과일에는 탄수화물이 얼마나 들어 있을까〉

과일명	100g당 탄수화물	100g 평균기준
아보카도	0.9	2/3개
딸기	7.1	7알
파파야	7.3	1/2개
레몬	7.6	1개
복숭아	8.8	1/2개
자몽	9.0	2개
수박	9.2	1/50개
멜론	9.9	1/6개
배	10.4	1/3개
감귤	11.0	1개
오렌지	10.8	1/2개
파인애플	11.9	1/7개
무화과	12.4	1개
사과	13.1	1/2개
키위	13.2	1개
체리	14.0	10개
감	14.3	1/2개
포도	15.1	10개
바나나	21.4	1/2개

일본 후생 노동성에서 규정한 탄수화물이 낮은 식품의 정의는

'100g 중 탄수화물 함유량 5g 이하'입니다. 일반적으로 과일 100g은 탄수화물 10g 이하이며 50% 정도만 혈당에 영향을 미칩니다. 과일 100g을 먹어도 혈당 수치 상승을 크게 염려하지 않아도 됩니다. 과일 100g을 먹어도 혈당 수치는 15 이하입니다. 일반적인 과일은 혈당 수치에 큰 영향을 미치지 않기에 과식하지 않으면 편하게 드셔도 좋습니다. 다만 바나나는 탄수화물 함량이 높기 때문에 섭취에 주의하기를 바랍니다. 바나나는 혈당 수치에 높은 영향을 미칠 수 있습니다. 이상과 같은 탄수화물 가이드라인을 지킨다면 어렵지 않게 탄수화물 섭취를 조절할 수 있을 것입니다.

하지만 주의해야 할 분들이 있습니다. 바로 당뇨병 환자 및 당뇨병 전 단계에 있는 분들입니다. 당뇨병 환자와 당뇨병 전 단계에 있는 분들은 탄수화물에 대한 혈당 반응성이 높기 때문에 탄수화물 섭취에 더욱 세심한 관심이 필요합니다. 이분들에게 과일은 간혹 즐기는 음식이 되어야 합니다. 당뇨병 환자는 식후 고혈당을 방지하기 위해 한 끼 식사의 탄수화물을 20g 이하로 제한할 필요가 있습니다. 당뇨병 환자가 아닌 사람들은 탄수화물 양을 일일이 계산하지 않아도 됩니다.

저탄수화물 식단 - 3가지 방식

저탄수화물 식단의 3가지 방식을 소개합니다. 이 방식은 일본 최초로 저탄수화물을 시작한 다카오 병원이 제안하는 3가지 프로그램입니다. 1일 3식을 전제로 한 저탄수화물 식단임을 밝힙니다.

〈저탄수화물 - 3가지 방식〉

3가지 식단	탄수화물 섭취 횟수			하루섭취 총탄수화물	3대 영양소 비율			하루기준 (밥)
	아침	점심	저녁		탄수화물	단백질	지방	
슈퍼	×	×	×	30~60g	15%	30%	55%	밥 안녕!
베이직	×	○	×	60~100g	30%	25%	45%	0.5공기
미니	○	○	×	100~130g	40%	20%	40%	1공기

※ 하루 탄수화물 함량과 3대 영양소 비율은 개인의 운동량과 몸 상태^{대사저항성}에 따라 다소 차이가 있을 수 있습니다.

· 슈퍼super 저탄수화물

3끼 모두 탄수화물을 제한하는 방식입니다. 모든 식사에서 밥, **빵**, 면을 제외합니다. 탄수화물 함량이 높은 뿌리채소와 과일도 제한합니다. 하루 종일 탄수화물을 제한하기에 혈당과 인슐린 수치의 변동이 거의 없습니다. 체중 감량과 만성 질환 치료와 예방에 효과가 가장 큽니다. 슈퍼 저탄수화물 식단을 실천하면 당신의 몸은 놀라운 변화를 경험하게 될 것입니다. 한 끼 탄수화물 섭취량은 탄수화물 10~20g이며 하루 최대 탄수화물 섭취량은 30~60g입니다. 참고로 제가 20년 넘게 실천해 오고 있는 저탄수화물 식단입니다.

· 베이직basic 저탄수화물

3끼에서 2끼를 탄수화물을 제한하는 방식입니다. 1끼는 밥, **빵**, 면을 허용하고, 나머지 2끼는 탄수화물을 제한하는 방식입니다. 탄수화물을 허용하는 1끼도 40~50g의 탄수화물을 섭취합니다. 밥은 반 공기 정도만 섭취한다고 생각하면 좋습니다. 예를 들어 쌀밥 한 공기는 탄수화물 65g, 라면 1개는 80g, 식빵 5장은 60g임을 참고하십시오. 하루 최대 총 탄수화물 섭취는 60~100g입니다.

· 미니mini 저탄수화물

3끼 중에서 2끼에서 탄수화물을 허용하는 식단입니다. 1끼만 탄수화물을 제한합니다. 탄수화물을 허용하는 경우에도 한 끼에 밥 반 공기에 해당하는 탄수화물 40~50g을 섭취합니다. 하루 최대 탄수화물 100~130g이 기준입니다. 만약 밥, **빵**, 면을 1끼 제한한다면 저녁에 탄수화물을 제한하면 좋습니다. 왜냐하면 저녁 식사 후에는 수면 시간 동안 뇌와 근육이 활발하지 않으므로 혈당이 내려가기 어렵습니다. 또한 비만 호르몬인 인슐린으로 인해 지방이 쌓이기 쉽기 때문입니다. 3가지 저탄수화물 코스 중에서 가장 시작하기 수월한 방식입니다. 체중 감량 효과는 다소 떨어지지만 건강한 삶을 위한 좋은 방법입니다. 단, 확실한 효과를 보고 싶다면 슈퍼 저탄수화물과 베이직 저탄수화물을 추천드립니다.

위 3가지 방식을 자신의 상황에 맞춰 적절하게 적용해 보십시오. 특히 당뇨병 환자와 혈당 불균형을 앓고 있는 분은 '슈퍼 저탄수화물 식단'을 우선적으로 추천합니다. 즉각적인 건강 개선 효과를 경험할 수 있습니다. 직장인이라면 점심에는 아무래도 밥 위주의 식사를 하기 쉽습니다. 이때에는 베이직 저탄수화물 식단을 적용하는 것도 현실적입니다. 만일 당뇨병 환자이면서 점심에 주식을 피하지 못한다면 베이직 저탄수화물 식단을 하고 식전 30초에 약을 복용하고 밥을 소량만 먹는 방법도 있습니다.

당신이 체중 감량 목적이 강하다면 슈퍼 저탄수화물 식단을 '2주간'14일 착실히 실천해 보길 권유합니다. 드라마틱한 체중 감량과 혈당 하락 효과를 경험할 수 있을 것입니다. 슈퍼 저탄수화물 식단을 시행한 '2주' 후에는 베이직 또는 미니 저탄수화물로 전환하기를 권합니다. 사람에 따라 차이가 있지만 일반적으로 슈퍼 저탄수화물 식단을 시작하고 일주일 안에 체중 감량 효과를 실감하게 될 것입니다.

당뇨병 환자가 슈퍼 저탄수화물 식단을 실천한다면 식후 고혈당을 방지하기 위해 한 끼 식사의 탄수화물 함유량을 20g 이하로 제한하는 것이 좋습니다. 일반인은 한 끼에 탄수화물 40~50g을 섭취해서 하루 100g 안팎의 미만으로 제한하면 건강하고 날씬한 자신을 유지할 수 있을 것입니다.

직장인과 애주가를 위한 현실적 조언

직장생활을 하다 보면 점심은 주로 외식하게 됩니다. 일반 식당에서 점심 메뉴로 밥, 빵, 면과 같은 정제 탄수화물을 피하기란 정말 쉽지 않습니다. 저탄수화물 식단을 시도하는 사람들은 처음에 무엇을 먹을지 난감할 수도 있습니다. 최고의 해결책은 자신만의 맞춤형 도시락을 준비하는 것입니다.

하지만 때에 따라서 매번 도시락을 싸는 것이 만만치 않을 수 있습니다. 그럴 때는 소량 포장 식품과 반찬 가게를 활용할 것을 권장합니다. 최근에는 각종 반찬과 샐러드 등을 조금씩 팩에 담아 파는 가게가 많이 늘어났습니다. 평소 탄수화물이 적은 식품을 기억해 두었다가 선별해서 먹으면 사회 생활을 하면서도 현명하게 식단을 조절할 수 있습니다. 요즘은 샐러드 전문점도 많습니다. 자신의 취향에 맞는 샐러드 전문점을 이용하는 것도 좋은 방법입니다.

다만 샐러드 중에 감자 샐러드나 마카로니 샐러드는 탄수화물이 많으므로 피하는 게 좋습니다. 특히 반찬과 샐러드의 경우 단맛 소스가 뿌려진 것은 피하길 바랍니다. 요리에 관심이 많은 사람이라면 당분의 함량을 가늠할 수 있겠지만, 그렇지 않은 사람이라면 영양 성분표를 확인하는 습관을 갖도록 하십시오. 요즘은 대형 마트와 슈퍼마켓에서 판매되는 음식은 대부분 영양 성분이 표시되어 있어서 탄수화물 함유량을 확인할 수 있습니다. 주변에 저렴한 가격으로 점심 뷔페를 제공하는 식당이 있다면 좋은 선택을 할 수 있습니다. 저도 뷔페 식당을 자주 애용하고 있습니다.

저탄수화물 식단은 지방과 단백질 위주의 간식이라면 언제든 괜찮습니다. 건강을 위해서라면 치즈, 견과류, 삶은 계란이 좋습니다. 바빠서 식사 시간을 거르거나 하루에 규칙적으로 영양을 섭취하기 어렵다면 섭취 에너지가 너무 적을 수 있으니 간식을 통해 영양을 조절하는 것이 필요합니다.

직장인 중에는 애주가들이 많을 것입니다. 애주가들은 자신의 뱃살이 '술' 때문이라고 말하곤 합니다. 정말 그럴까요? 저도 술을 즐기는 사람입니다. 술은 좋은 사람과의 관계를 더 깊게 해주는 좋은 친구라고 생각합니다. 저는 당뇨병에 걸린 후에도 술을 끊지 못했습니다.

그런데 저탄수화물에 대해 공부해 보니 술을 끊지 않아도 괜찮다는 것을 알게 되었습니다. 즐거운 발견이었습니다. 보통 당뇨병 환자는 의사로부터 금주를 권유받는 경우가 대부분입니다. 그런데 제가 병원을 찾는 환자에게 다음과 같이 말하면 예외 없이 눈빛이 반짝반짝 빛납니다.

"소주, 위스키와 같은 증류주라면 마셔도 괜찮습니다. 탄수화물만 제한하면 안주는 마음껏 먹어도 됩니다. 적당한 술은 크게 문제되지 않습니다."

이 말은 무조건 금주해야 한다는 다른 식단에 비하면 애주가들에게는 그야말로 천국과 지옥의 차이입니다. 이런 까닭에 저탄수화물 식단은 술을 좋아하는 사람도 지속하기 쉽습니다. 알코올 자체는 칼로리가 거의 없어 혈당을 높이지 않으며 몸무게도 늘리지 않습니다. 다만 맥주나 정종과 같은 양조주는 탄수화물이 많이 들어 있으므로 피하는 것이 좋습니다.

증류주는 원료를 발효시킨 후 증류하기 때문에 탄수화물이 없습니다. 감자, 보리, 쌀과 같은 원료와 상관없이 탄수화물이 0%입니다. 소주, 위스키, 브랜디, 진, 럼, 보드카 등이 증류주에 속합니다. 포도당 10g 미만인 와인은 양조주이지만 탄수화물 함유량이 적기 때문에 마셔도 괜찮습니다. '일본 식품 표준 성분표'에 따르면 레드 와인의 성분은 1,000g 중 탄수화물 함유량이 1.5g입니다. 그중에 구연산, 주석산, 사과산과 같은 유기산과 폴리페놀이 0.8g 포함되어 있는데 이들은 혈당을 거의 올리지 않습니다. 혈당을 올리는 나머지 0.7g의 탄수화물도 대부분 과당과 당알코올입니다. 단맛이 적은 레드 와인은 저탄수화물 다이어트로 좋은 식품입니다. 달지 않은 화이트 와인도 과당과 포도당이 100g 중 0.4g이므로 괜찮습니다. 다만 단맛이 풍부한 와인은 피하는 것이 좋습니다.

마지막 부탁 말씀. 술이 괜찮다고 했지, 과음이 괜찮다고 말한 것은 절대 아닙니다. 과유불급過猶不及, 과한 것은 모자람만 못합니다. 절제 속에서 술을 즐기시기 바랍니다.

각 나라 별 음식 대처 방법

· 일식

일반적으로 일본 음식은 건강에 좋다고 알려져 있습니다. 하지만 의외로 탄수화물이 많이 들어간 요리가 많습니다. 대표적인 음식이 바로 '초밥'입니다. 초밥은 백미를 기본으로 하며 밥에 설탕을 넣어서 만듭니다. 초밥은 피하십시오. 고급 식당이라도 방심은 금물입니다. 일본 음식에는 소스에 설탕이 많이 들어갑니다. 조림, 찜, 절임, 무침의 맛을 좋게 하기 위해 설탕이 많이 쓰이고 있습니다. 튀김 요리도 피하길 바랍니다. 생선구이는 소금구이를 선택하는 것이 좋습니다. 식사를 마무리하면서 밥이나 국수를 먹는 습관을 버려야 합니다.

만약 일식을 먹고 싶다면 오히려 고급 일식집보다 이자카야와 같은 주점이 좋습니다. 고급 요릿집에 비해 조미 방법이 간단하고 설탕 함유량이 적은 게 일반적이기 때문입니다. 메뉴도 다양해서 두부, 생선회, 생선구이, 채소볶음, 고기볶음, 닭꼬치 등 저탄수화물 식단에 적합한 요리가 풍부합니다. 참고로 꼬치구이를 먹을 때도 소스가 아닌 소금에 찍어 먹는 것이 좋습니다. 단맛이 나는 양념에 재운 돼지갈비도 피하는 것이 좋습니다. 고기는 소금에 찍어 드십시오. 일식 대처방안을 정리하면 다음과 같습니다.

- 초밥은 탄수화물 덩어리이므로 피하십시오.
- 어묵과 튀김 음식은 되도록 피하십시오.
- 생선구이는 간장소스보다 소금구이를 선택하십시오.
- 고급 일식집보다 이자카야 식당을 권유합니다.
- 일식에서 가장 좋은 메뉴는 '생선회와 해산물'입니다.

· 프랑스와 이탈리아 요리

프랑스 요리와 이탈리아 요리는 기본적으로 설탕을 많이 쓰지 않습니다. 다만 프랑스 요리에는 디저트로 빵과 케이크, 이탈리아 요리에는 파스타와 피자가 많기 때문에 탄수화물 함유량이 매우 높습니다. 이탈리아 요리를 맛보러 갔는데 파스타를 먹지 않는 것은 섭섭할 수 있습니다. 하지만 조금만 시각을 바꾸면 생선, 고기, 채소 등 생각보다 다양한 요리를 만날 수 있습니다. 지중해식 요리는 해산물이 풍부하며 탄수화물이 적은 식재료가 많습니다. 프랑스와 이탈리아 요리에서 디저트로 많이 나오는 케이크 대신 치즈로 대체하면 좋습니다. 빵, 케이크, 파스타, 피자를 제외해도 우아한 지중해식 요리를 충분히 즐길 수 있습니다.

서양 요리에서 주의할 점은 소스와 밀가루입니다. 프랑스 요리의 소스는 대체로 괜찮지만 미리 맛을 보아 단맛이 강한 것은 피하십시오. 밀가루는 햄버그 스테이크 반죽에 들어가는 정도라면 소량이므로 괜찮습니다. 다만 파이, 스튜 등에는 밀가루가 꽤 많이 쓰이므로 피하는 것이 좋습니다. 감자 샐러드와 감자튀김도 주의해야 합니다.

- 빵, 파스타, 피자는 탄수화물 폭탄입니다.
- 파이, 그라탱, 스튜도 좋지 않습니다.
- 설탕이 듬뿍 담긴 달콤한 소스는 피하십시오.
- 디저트는 케이크 대신 치즈를 드십시오.

· 중식

중국 요리는 아쉽게도 탄수화물 공화국입니다. 안타깝지만 모두 피하기를 권유합니다. 모든 식당, 모든 요리에 밀가루와 설탕이 엄청 나게 들어가기 때문입니다. 면요리와 볶음밥은 말할 것도 없으며 딤 섬, 춘권, 만두도 밀가루 피를 사용하기 때문에 탄수화물이 함량이 높 습니다. 또한 게살수프, 팔보채, 탕수육 등의 걸쭉한 점성은 모두 녹말 가루의 마법입니다. 중국 요리에게는 미안하지만 이별하는 것이 좋습 니다. 면을 먹고 싶은가요? 그러면 두부면을 활용하시길 바랍니다.

- 중국 요리는 특별한 주의가 필요합니다.
- 중국 요리의 걸쭉한 소스와 게살수프는 녹말가루의 마법입니다.

저탄수화물 식단과 간헐적 운동

농업이 시작된 이후 곡물 중심 식단이 주류를 차지했지만 비만과 만성 질환이 비약적으로 증가한 것은 아닙니다. 과거 100년 전만 해도 총 섭취 칼로리의 70%가 곡물 위주의 탄수화물이었음에도 불구하고 당뇨병과 비만은 거의 없었습니다. 반면 현대인은 총 섭취 칼로리의 60%를 탄수화물로 섭취하고 있는데 당뇨병과 비만이 폭증하고 있습니다. 도대체 무엇이 다른 걸까요? 당신은 이미 정답을 알고 있습니다. 바로 '운동량의 차이'입니다.

19세기 사람들은 운동하기 위해 피트니스 센터에 가지 않았고 개인 트레이닝을 받지도 않았습니다. 대부분의 사람에게 일상, 그 자체가 '운동'이었습니다. 매일 계속되는 육체 노동, 걷기, 청소하기, 씨 뿌리기, 물 긷기 등 활동량의 강도가 현대인과 비교도 되지 않을 정도로 높았습니다. 일본의 경우, 500년 전만 하더라도 하루 평균 걸음 수가 3만 보가 넘었습니다.

운동, 많이 하시나요? 앉는 것과 서는 것만 비교해 봐도 소비 에너지 측면에서 2배의 차이가 납니다. 예를 들어 가만히 앉아 있을 때 소비 에너지를 1이라 한다면 일어서면 2배, 빠르게 걸으면 4배가 됩니다. 걸레질을 하면 3.3배, 청소기를 돌리면 3.5배, 목욕탕 청소는 3.8배입니다. 일상생활에서 자주 걷고, 집안일을 하고, 활동적인 라이프 스타일만 유지해도 비만 예방에 도움이 됩니다.

솔직히 이렇게 말하는 저조차도 운동 시간이 부족합니다. 기껏해야 1~2주에 한 번 일요일에 테니스를 치는 정도가 전부입니다. 그나마 체력적인 부분 때문에 단식보다는 복식으로 치고 있습니다. 저는 부족한 운동량을 채우기 위해 자신만의 프로그램을 고안해냈습니다. 일명 '간헐적 운동'입니다. 매일 아침 일어나자마자 10분 정도 스트레칭을 하고 맨몸 스쿼트를 50~100회 반복합니다. 진료를 하지 않는 시간이나 건널목을 건너는 신호 대기 중에도 스쿼트squat를 하는 유별난 의사이기도 합니다. 진료실로 이동할 때도 엘리베이터를 이용하지 않고 주로 계단을 이용하고 있습니다. 일과 중에 틈틈이 부족한 운동량을 보충하는 습관을 지니고 있습니다.

마지막으로 가장 중요한 습관이 있습니다. 자동차보다는 대중교통을 이용하고 있습니다. 대중교통을 이용하면 걷는 모든 곳이 피트니스 센터라는 생각이 듭니다. 좋아하는 강의를 들으며 걷기를 하면 이동도서관이 따로 없다는 생각이 들곤 합니다. 프랑스의 진화 생물학자 라마르크의 '용불용설'用不用說이라는 이론을 아는지요? 그는 '자주 사용하는 기관은 잘 발달하며, 쓰이지 못하는 기관은 점점 퇴화하여 소실되어 간다'는 학설을 주창했습니다.

맞는 말입니다. 우리는 식물이 아니라 동물입니다. 즉, 움직임의 본능을 소유한 생명입니다. 움직이지 않으면 질병이 생깁니다. 대표적인 것이 당뇨병입니다. 당뇨병에 걸리게 되면 눈을 실명할 수 있고 다리를 절단할 수도 있습니다. 당뇨병은 모든 신체 기관을 퇴화시키는 무서운 질병입니다. 지금, 우리의 몸은 움직임을 원합니다.

저탄수화물 식단을 평생 지속하는 법

· 술을 좋아하나요?

위스키, 진, 럼, 보드카, 고량주와 같은 증류주를 즐기십시오. 드라이 와인도 괜찮습니다. 좋아하는 술과 함께 즐거운 식사를 하십시오. 물론 폭음은 안 됩니다. 저는 당뇨병 환자에게도 금주를 권하지 않습니다. 제 환자 중에는 술을 좋아하는 사람이 많지만 중간에 포기하지 않고 저탄수화물 식단을 지속하고 있습니다.

· 식단이 지겹지 않을까요?

저지방 식단과 달리 음식의 메뉴가 풍부해서 식단을 지속하기 훨씬 쉽습니다. 하지만 고기와 생선 중심 식단이라서 처음에는 조금 당황스러울지도 모릅니다. 지금까지 매일 먹던 밥, 빵, 면을 먹지 못하면 선택의 폭이 줄어들기 때문입니다. 그럴 때는 다양한 식재료를 바꾸거나 조리 방법, 조미 방식을 바꿔보세요. 최근에는 시중에 판매되는 향신료와 조미료 종류가 많습니다. 식재료와 조리 방법이 같더라도 향신료를 바꾸면 쉽게 질리지 않습니다. 평소에 탄수화물 함량이 낮은 음식을 기억해 두십시오. 저탄수화물 요리를 시작하면 조만간 자연스럽게 즐길 수 있을 것입니다. 우리 몸은 생각보다 적응이 빠릅니다. 몸의 반응을 관찰하십시오.

· 단계별 저탄수화물 식단은 어떻게 실천하면 좋을까요?

당뇨병과 비만이 없는 일반인은 처음 2주14일는 슈퍼super 저탄수화물 식단을 지속하고, 이후로는 베이직basic 유형과 미니mini 유형으로 전환하는 것이 좋은 방법입니다. 슈퍼 저탄수화물 식단부터 시작하기를 권하는 이유는 몸의 시스템을 근본적으로 변화시키기 위해서입니다. 탄수화물이 많은 식단은 인체의 에너지원 가운데 '포도당 시스템'만을 사용하기 때문에 또 다른 에너지원인 '지방 시스템'을 제대로 사용하지 못합니다. 당연히 몸에는 지방이 계속해서 쌓이게 됩니다.

지방을 태우는 몸을 만들기 위해서는 단계별로 저탄수화물을 시도하는 것이 좋습니다. 슈퍼 저탄수화물 식단을 최소한 일주일 이상 지속하면 몸이 지방을 사용하는 몸으로 전환되기 시작할 것입니다. 만약 운동량이 높은 사람이라면 슈퍼 저탄수화물 식단을 실천하는 중에도 현미와 같은 비정제 곡물을 적당량 섭취해도 상관없습니다. 반면에 운동량이 적은 사람이라면 정제하지 않은 곡물이라도 절제하는 것이 체중 감량과 만성 질환 예방에 도움이 될 것입니다.

역류성 식도염이 사라지다!

'역류성 식도염'이란 강한 산성인 위액이 식도로 역류하여 가슴쓰림, 통증, 목 이물감, 목 쓰림 등 여러 증상을 일으키는 병입니다. 원래 동양인에게는 별로 없던 질병이었으나, 비만과 스트레스가 증가하면서 늘어나기 시작했습니다. 아주 드물게 식도암으로 발전하는 경우도 있습니다. 역류성 식도염은 수시로 재발하기 때문에 여간 곤혹스러운 질병이 아닙니다.

가장 인상에 남는 남성 환자가 있습니다. 이 남성 환자(30세)는 중학생 무렵부터 무려 10년 넘게 역류성 식도염에 시달려 왔습니다. 매일 점심 식사 후 두 시간, 저녁 식사 후 두 시간이 지나면 어김없이 속이 쓰리고 가슴 통증이 찾아왔습니다. 특히 카레를 먹은 날은 유독 심해서 한밤중에 몇 번이나 깨서 잠을 이루지 못할 정도로 아팠습니다. 저는 환자에게 저탄수화물 식단을 시도해 보자고 권했습니다.

1주일 뒤, 환자로부터 놀라운 이야기를 들었습니다. 저탄수화물 식단을 시작하고 속쓰림과 가슴 통증이 거짓말처럼 사라졌다는 것입니다. 10년 넘게 계속된 고통이 탄수화물을 제한하고 며칠 만에 사라졌다는 것에 저도 환자도 놀랄 수밖에 없었습니다. 혹시 역류성 식도염으로 고통받고 계신가요? 그렇다면 저탄수화물 식단을 지금 시작하십시오.

🔅 에베 코지 박사의 질문과 답변

Q 식품에 첨가된 감미료는 어떻게 피해야 합니까?

A 감미료 중에서 혈당 수치를 올리지 않는 것이 있습니다. '에리스리톨'erythritol과 같은 합성 감미료입니다. 에리스리톨은 0kcal로 혈당 수치에 영향을 미치지 않습니다. 자일리톨과 같은 당알코올도 설탕의 절반 수준에서 혈당을 올립니다. 그 밖에도 아스파탐, 아세설팜칼륨, 수크랄로스, 사카린 등과 같은 합성 감미료가 있습니다. 모두 0kcal로 혈당에 영향을 미치지 않습니다.

하지만 합성 감미료는 혈당을 직접적으로 올리지는 않지만, 공복감을 유발하며 인슐린 수치를 올릴 수 있다는 연구 사례가 보고되고 있습니다. 반대로 인슐린 수치에 영향을 미치지 않는다는 보고도 있습니다. 합성 감미료마다 인슐린과 혈당에 대한 영향에 대해서 전문가마다 의견이 나뉘고 있습니다. 제 개인적인 생각은 합성 감미료는 최대한 자제해야 한다고 생각합니다. 우리의 뇌가 '단맛'을 인지하게 되면 어떠한 형태로든 호르몬 분비, 공복감 그리고 장내 미생물에 영향을 미치는 것으로 보입니다. 몸에 부정적 영향을 미칠 수 있습니다. 단맛과의 이별이 필요합니다.

에베 코지 박사의 요점 정리

· 저탄수화물 식단은 맛있고 즐겁게 식사를 할 수 있습니다.

· 주로 먹는 음식의 탄수화물 함량을 기억해 두십시오.

· 새로운 음식을 구입할 경우는 탄수화물 함량을 체크하십시오.

· 저탄수화물 식단 중에서 적합한 방식을 선택하십시오.

· 처음 2주는 '슈퍼 저탄수화물 식단'을 하십시오.

  지방을 태우는 몸으로 전환될 것입니다. 변화를 느낄 수 있습니다.

· 간헐적 단식은 스스로 몸을 치유하고 재생하는 좋은 습관입니다.

· 술을 먹고 싶다면 탄수화물이 없는 증류주를 드십시오.

· 운동은 필수입니다. 너무 바쁘면 간헐적 운동이라도 하십시오.

· 대중교통을 이용하면 모든 곳을 피트니스 센터로 만들 수 있습니다.

· 합성 감미료는 열량이 없더라도 공복감을 줄 수 있으며

  인슐린 수치를 올릴 수 있습니다.

저탄수화물 식단과 간헐적 단식

저자가 이야기하는 3가지 저탄수화물 식단은 현재 일본 다카오 병원에서 시행하고 있는 저탄수화물 영양 지침입니다. 실제 에베 코지 박사는 하루 2끼를 실천하고 있습니다. 아침 식사를 하지 않고 간헐적 단식을 실천하고 있습니다. 만약 당신이 하루 2끼 식사를 한다면 저탄수화물 식단을 훨씬 단순화할 수 있습니다.

식단 유형	탄수화물 섭취 횟수			하루섭취 총탄수화물	하루기준 (밥)
	아침	점심	저녁		
슈퍼	간헐적 단식	×	×	20~50g	밥 안녕!
베이직		○	×	50~100g	0.5공기

※ 식사를 거르는 시기는 개인의 상태에 따라 다릅니다.

에베 코지 박사가 제안하는 식단 유형을 자신에 맞게 유연하게 적용하면 좋습니다. 한 끼 식사에서 어느 정도 밥을 먹을 것인가에 대해 결정하면 식단 유지가 용이합니다. 체중 감량과 질병 치료를 원하는 경우는 하루 탄수화물 50g 이내로 제한하는 것이 필요합니다. 하루 3끼를 먹는 야생 동물은 없습니다. 수백만 년 동안 야생의 삶을 살았던 인류도 하루 3끼를 먹지 않았습니다. 3끼라는 고정관념을 벗어 던질 필요가 있습니다.

저도 1일 2식을 하고 있습니다. 점심 식사는 간단히 삶은 계란 2~3개를 도시락으로 준비합니다. 점심 식사에 많은 시간을 소비하지 않기 때문에 여유로운 나만의 시간을 가질 수 있습니다. 저녁은 '주요리고기 + 샐러드'를 먹습니다. 매일 샐러드에 약간씩 변화를 주면 전혀 지루하지 않습니다. 샐러드를 한번 만들어 놓으면 2~3일 정도를 먹을 수 있습니다. 저탄수화물 식단을 통해 삶의 패턴이 단순화되고 있음을 느낍니다.

저탄수화물 식단은 고단백·고지방 영양소이기 때문에 배고픔을 잘 느끼지 않습니다. 그래서 간헐적 단식을 진행하기에 최적화된 식단입니다. 단백질은 공복감과 포만감의 핵심 중추입니다. 만약 소리 없이 공복감이 찾아올 경우에는 '삶은 계란'을 추천 드립니다. 삶은 계란은 가성비 대비 포만감과 만족도가 매우 높습니다. 과자 10봉지를 먹을 수는 있어도 계란 10개를 먹기는 어렵습니다.

삶은 계란은 준비하는 것도 어렵지 않습니다. 요리도 간편하고 휴대도 어렵지 않습니다. 계란 찜기를 활용하면 너무나 손쉽게 준비할 수 있습니다. 참고로 계란 찜기는 가격도 매우 저렴하며 사용하는 방법도 간편합니다. 삶은 계란을 샐러드와 함께 먹는다면 멋진 식사가 될 것입니다. 진정한 슈퍼푸드는 '계란'입니다. 비용 대비 최고의 영양소를 압축하고 있습니다. 단, 계란만큼은 방목 또는 유기농 제품을 드시기 바랍니다.

공복단식의 시간은 매우 중요하다고 생각합니다. 크게 2가지 의미가 있다고 생각합니다.

첫째, 공복은 우리 몸의 자기 치유의 시간입니다. 일본의 오스미 요시노리 박사는 단식의 '자가포식'autophagy 효과를 과학적으로 증명해서 노벨 생리의학상을 수상했습니다. 공복은 내 세포가 굶주리는 시간이 아니라, 세포가 스스로 치유하는 시간입니다. 세포도 재생의 시간이 필요합니다. 이러한 몸의 휴식을 가장 알고 있는 곳이 바로 '종교'입니다. 모든 종교 단체에서는 단식을 중요한 의례로 실천하고 있습니다.

둘째, 공복은 매일의 식사를 최고의 만찬으로 만들어 줍니다. 우리는 간혹 맛있는 음식에 집착하는 경우가 있습니다. '혀의 욕망'에 무의식적으로 휘둘리게 되는 것이죠. 물론 맛집 탐방의 즐거움을 모르는 것은 아닙니다. 다만 최고의 레시피는 적절한 공복감이라고 생각합니다. 결핍을 알지 못하면 일상의 소중함을 알 수 없듯이, 공복을 느껴야 한 끼 식사의 가치를 알 수 있습니다. 공복은 최고의 의사이자, 요리사입니다.

저탄수화물 식단과 앳킨스 다이어트 ✒️

에베 코지 박사는 일본 저탄수화물 식단의 개척자입니다. 그는 저탄수화물 식단을 도입하기 전에 형 에베 요이치로 이사장과 함께 로버트 앳킨스 박사를 비롯하여 미국의 저명한 저탄수화물 영양학 전문가들의 문헌과 사례를 연구했습니다. 특히 로버트 앳킨스 박사는 미국에서 저탄수화물 식단의 선구자이며 개척자입니다. 고수들은 서로 통한다고 했던가요? 에베 코지 박사와 로버트 앳킨스 박사의 식단 유형을 살펴보면 많은 공통점을 발견할 수 있습니다.

〈저탄수화물 3가지 방식〉

3가지 식단	탄수화물 섭취 횟수			하루 섭취 총탄수화물
	아침	점심	저녁	
슈퍼	X	X	X	30~60g
베이직	X	O	X	60~100g
미니	O	O	X	100~130g

〈앳킨스 다이어트 4단계 프로그램〉

Atkins Nutri-tion	1단계	2단계	3단계	4단계
	전환	지속 감량	미세 조정	평생 유지
하루 탄수화물	20그램 이하	20~50그램	50~100그램	자신의 탄수화물 임계점
매주 핵심 규칙	탄수화물 안녕!	5그램 증가	10그램 증가	맞춤형 조절
단계 수행 기간	최소 2주	목표 체중 4.5kg 미달시점	목표 체중 달성	라이프 스타일

앳킨스 박사의 4단계 프로그램은 매우 구체적이며 세분화되어 있습니다. 1단계 '전환'switch은 최소 2주 동안 진행하며 하루 탄수화물을 20g으로 제한합니다. 이후 2단계 '지속 감량'ongoing loss은 매주 하루 탄수화물을 5g씩 늘려갑니다. 2단계는 자신의 목표 체중에서 4.5kg 미달 시점까지 지속합니다. 3단계 '미세 조정'fine tuning은 매주 하루 탄수화물을 10g씩 늘려갑니다. 3단계는 '목표 체중'을 달성할 때까지 진행합니다. 자신이 원하는 목표 체중을 달성하면 본격적인 4단계 '평생 유지'life maintenance가 시작됩니다. 이때부터는 평생 지속하는 라이프 스타일이 됩니다. 자신의 탄수화물 임계점을 유지하면서 평생 지속하는 습관이 되는 것입니다.

에베 코지 박사의 저탄수화물 프로그램과 앳킨스 박사의 4단계 프로그램을 찬찬히 살펴보도록 하겠습니다. 에베 코지 박사가 권유하고 있는 '슈퍼' 하루 탄수 30~60g 저탄수화물 식단은 앳킨스 다이어트의 1단계 '전환' 하루 탄수 20g 과 2단계 '지속 감량' 하루 탄수 20~50g 과 비슷합니다. '베이직' 하루 탄수 60~100g 저탄수화물 식단은 앳킨스 다이어트의 3단계 '미세 조정' 하루 탄수 50~100g 과 비슷하며, '미니' 하루 탄수 100~130g 저탄수화물 식단은 앳킨스 다이어트의 4단계 '평생 유지' 하루 탄수 100~탄수화물 임계점 와 유사합니다.

앳킨스 박사의 프로그램은 '다이어트'에 초점이 맞춰져 있고, 에베 코지 박사는 '질병 치유'에 초점을 맞추고 있습니다. 물론 2가지 프로그램 모두 체중 감량과 질병 치유라는 공통 분모를 공유하고 있습니다. 앳킨스 박사의 프로그램은 좀 더 세분화되어 있고, 에베 코지 박사의 프로그램은 단순하고 유연한 측면이 있습니다. 모두 장단점이 있는 것으로 판단됩니다. 체중 감량에 관심이 많은 분을 위해 앳킨스 박사의 4단계 프로그램을 소개드리고자 합니다. 세부적인 사항은 로버트 앳킨스, 〈앳킨스 다이어트 혁명〉을 참조하시길 바랍니다.

〈앳킨스 박사의 4단계 프로그램 요약〉

Dr. Atkins Nutrition	1단계 전환	2단계 지속 감량	3단계 미세 조정	4단계 평생 유지
하루 탄수화물	20그램 이하	20~50그램	50~100그램	자신만의 탄수화물 임계점
매주 핵심 규칙	탄수화물 안녕!	5그램 증가	10그램 증가	맞춤형 조절
단계 수행 기간	최소 2주 이상	목표 체중 4.5kg 미달시점	목표 체중 달성	라이프 스타일
단계별 허용음식	고기, 생선, 해산물	전 환 Switch	지속 감량 Ongoing Loss	미세 조정 Fine Tuning	평생 유지 Life Maintenance
	모든 채소 녹말채소 제외				
	치즈, 버터, 오일				
	견과류 & 씨앗류				
	저탄수 과일 베리류				
	콩과 식물				
	모든 과일				
	녹말 채소				
	통곡물				

※ 앳킨스 박사는 앳킨스 영양학 1~4단계를 단계적으로 진행할 것을 권유하고 있습니다. 하지만 자신의 상황에 따라 특정 단계를 먼저 시작하고, 지속할 수 있음도 밝히고 있습니다. 각 단계별 하루 탄수화물 함량은 자신의 대사 저항성에 따라 차이가 있습니다.

저탄수화물 식단의 장애물

저탄수화물 식단은 몸의 에너지 대사를 근본적으로 변화시키는 자기 혁명과 같습니다. 주로 사용하던 포도당 에너지를 지방 에너지로 전환하기 때문입니다. 이러한 에너지의 전환은 몸의 입장에서 '스트레스'stress입니다. 몸은 항상성을 추구하기 때문에 새로운 변화를 싫어합니다. 익숙한 식단과의 결별은 몸의 저항을 불러일으킬 수밖에 없습니다. 이러한 저항은 부작용과 같은 증상으로 나타날 수 있습니다.

대표적인 부작용은 '키토 플루'Keto Flu입니다. 감기Flu 증상과 비슷하다고 하여 이와 같은 명칭이 붙여졌습니다. 변비, 탈모, 두통, 어지러움, 불면, 갈증, 집중력 저하와 같은 증상을 경험할 수 있습니다. 짧게는 2~3일에서 길면 2~3주 정도 지속될 수 있습니다. 사람마다 자신의 상황에 따라서 키토 플루 증상은 다르게 나타날 수 있습니다. 물론 이러한 증상을 전혀 경험하지 않는 경우가 훨씬 더 많습니다.

다음으로 드물게 나타나는 부작용은 '키토 래쉬'Keto Rash입니다. 래쉬rash는 '발진'이라는 의미입니다. 목, 등, 겨드랑이 등에 나타나는 붉은 반점을 말하며 가려움증을 동반하기도 합니다. 키토 래쉬는 아직 명확한 원인이 규명되지 않았습니다. 키토 래쉬가 나타나는 부위는 주로 땀이 배출되는 부위에 발생하는 경우가 많습니다. 포도당 대사에서 지방 대사로 바뀌면서 우리 몸은 케톤ketones을 발생시키는데 이때 땀으로 케톤아세톤이 방출됩니다.

이 아세톤이 과다할 경우 피부 염증이 발생할 수 있습니다. 또한 체지방이 분해되면서 지방에 축적되어 있던 지용성 독소가 배출됩니다. 이러한 독소 배출은 긍정적 해독 과정입니다. 하지만 단기적으로는 알레르기 반응을 유발할 수 있습니다.

저도 키토 플루 증상을 경험했습니다. 2주 정도 두통과 불면으로 고생했습니다. 난생 처음 경험하는 증상이라 무척 당황했습니다. 매일 소량의 두통약을 복용했습니다. 다행히 2주 정도가 지나니 두통과 불면 증상은 사라졌습니다. 어떤 분들은 탈모와 변비를 경험하기도 합니다만, 저는 모발이 굵어지고 풍성해지는 현상을 경험했습니다. 저는 수십 년 동안 과민성 대장증후군으로 고생했습니다. 장거리 목적지를 갈 경우에는 대중교통 대신 자가용을 이용하는 편입니다. 급박한 대장 신호에 대처하기 위해서입니다. 과민성 대장증후군을 앓고 있는 분들은 공감하실 것입니다. 그런데 저탄수화물 식단을 하고 나서 매일 화장실에서 황금(?)을 발견하고 있습니다. 저탄수화물 식단의 장애물은 자신의 대사 저항성에 따라서 다르게 나타날 수 있습니다. 수십 년 동안 지속해 온 포도당 대사를 지방 대사로 바꾼다는 것은 엄청난 몸의 변화임을 기억하시기 바랍니다.

그러면 이러한 키토 플루와 키토 래쉬 증상이 나타날 경우 어떻게 대처하면 좋을까요? 첫째, 물과 소금의 섭취를 늘리십시오. 저탄수화물 식단을 시작한 후, 2~3일이 지나면 몸에 저장된 글리코겐^{저장 포도당}이 모두 소모됩니다. 글리코겐이 모두 소모되어야 비로소 지방을 태우는 몸이 시작됩니다. 글리코겐은 간 20% + 근육 80%의 비율로 저장되어 있습니다. 예를 들어,

남성의 경우 글리코겐을 500g 정도라고 가정합니다. 물론 저장량은 사람마다 다릅니다. 포도당 1g은 물 3g을 필요로 합니다. 포도당은 지방과 달리 물과 함께 저장되어야 합니다. 즉, 저탄수화물 식단을 시작하고 2~3일이 지나면 체내 저장되었던 '포도당 500g +물 1500g'이 몸에서 배출되는 것입니다. 이 과정에서 체내 나트륨과 미네랄도 함께 배출됩니다. 나트륨과 미네랄의 배출은 몸에 부정적 영향을 줍니다.

그래서 저탄수화물 식단을 할 경우에는 소금을 충분히 섭취해야 합니다. 좀 짜다고 생각할 정도로 '음식의 간'을 유지하는 것이 필요합니다. 초기에는 다량의 수분이 배출되기 때문에 하루에 2L 정도의 물을 마시는 것이 좋습니다. 키토 플루의 증상이 심할 경우, 소금의 섭취를 더 늘려 보시기 바랍니다. 매일 아침 따소물, 즉 따뜻한 소금물을 한 잔 드시면 좋습니다. 사골국물을 드신다면 더욱 좋습니다. 소금이 핵심입니다!

둘째, 탄수화물 용량을 늘리십시오. 몸은 갑작스러운 탄수화물 제한으로 인해 과민 반응 할 수 있습니다. 슈퍼super 저탄수화물 식단하루30~60g에서 베이직basic 저탄수화물 식단하루60~100g으로 탄수화물 섭취량을 늘리십시오. 자신만의 탄수화물 용량을 찾아가는 것이 중요합니다. 저탄수화물 식단에는 한 가지 해답만 존재하지 않습니다.

셋째, 칼로리를 제한하지 마십시오. 저탄수화물 식단을 하면서 빠른 체중 감량을 위해 전체 칼로리를 줄이는 경우가 있습니다. 하지만 칼로리를 갑작스럽게 줄이게 되면 몸은 기아饑餓상태로 인식합니다. 그러면 에너지 대사의 속도가 느려집니다. 기초 대사율이 떨어지면 몸은 중요하지 않은 신체 기관에 영양소 공급을 줄입니다. 대표적인 현상이 '탈모'입니다. 머리카락은 외모에 절대적 요소이지만 생존에는 그다지 중요한 요소가 아닙니다. 양질의 지방과 단백질 음식을 충분히 드십시오. 참고로 동물의 내장은 비타민과 미네랄의 원천입니다. 식단에서 내장육의 섭취를 늘리십시오.

넷째, 적절한 운동을 하십시오. 격렬한 운동은 글리코겐저장 포도당을 급격히 소모합니다. 또한 포도당 대사에서 지방 대사로의 전환 속도를 매우 빠르게 앞당깁니다. 부작용이 나타날 경우는 격렬한 운동을 피하시고 가벼운 운동을 통해서 속도 조절을 하는 것이 좋습니다.

다섯째, 키토 래쉬와 같은 알레르기 반응이 발생할 경우에는 가까운 기능 의학 병원을 방문하시길 바랍니다. 일반 병원의 경우 저탄고지에 대한 이해가 부족할 수 있습니다. 기능 의학 의사를 통해서 적절한 약물 처방이 필요할 수 있습니다.

저탄수화물 식단을 위해서는 식단에 대한 공부가 필요합니다. 어떤 이들은 '무슨 식단이 뭐 이리 복잡해!'라고 말하는 경우가 있습니다. 그렇게 느낄 수 있습니다. 원시 독립 부족인 마사이족과 훈자족은 전 세계적으로 독보적인 강인함과 건강함을 소유하고 있습니다. 이 부족들이 자녀들에게 전달하는 가업 승계의 노하우, 즉 비밀 문서가 있습니다. 그 비밀 문서는 바로 '먹는 것'에 관한 것입니다. 동물의 해체, 식물 독소의 제거, 발효 음식의 중요성 그리고 최적의 요리 방법이 그것입니다. 우리도 다르지 않습니다. 식단에 대한 공부는 매우 중요합니다. 내가 먹는 것이 나를 만들기 때문입니다.

에필로그
저는 작은 소명이 있습니다.

저는 작은 희망이 있습니다. 모든 환자들이 건강과 웃음을 찾을 수 있도록 돕고 싶습니다. 제가 글을 쓰는 이유는 독자분들의 관심과 지지에 보답하기 위해서입니다. 많은 독자분이 저탄수화물 식단을 통한 자신의 경험 사례를 기꺼이 공유해 주셨습니다. 그 나눔을 통해서 저는 새로운 지식과 영감을 끊임없이 받았습니다.

최근 저탄수화물 식단에 대한 관심이 더욱 뜨거워지고 있습니다. 수많은 임상 연구와 경험을 통해서 고인슐린혈증과 고혈당이 암을 유발하는 위험 요인임이 밝혔습니다. 매우 고무적인 결과입니다. 암은 현대 의학이 넘어야 할 거대한 벽입니다. 우리 모두가 알고 있는 진실이 있습니다. 암세포는 포도당을 주로 에너지원으로 활용한다는 것입니다.

분명한 것은 암을 유발하는 용의자 중 유력한 범인은 '고인슐린혈증과 인슐린 저항성'이라는 사실입니다. 이 범인을 체포하는 가장 좋은 방법이 '저탄수화물 식단'입니다. 물론 탄수화물과 암의 상관관계는 더 많은 연구가 필요한 상태입니다. 하지만 저탄수화물 식단을 통한 암 예방 효과는 분명하다고 자신합니다. 저는 이 분야에 대한 연구를 게을리하지 않을 것입니다.

최근 주목할 만한 연구가 계속되고 있습니다. 쥐를 이용한 동물실험에서 저탄수화물 식단을 통해 암 예방 효과가 확인되고 있습니다.

케톤 식이 요법으로 인간의 암을 소멸시켰다는 연구 논문도 발견하였습니다. 케톤 식이 요법은 지방 섭취율 75~80%라는 궁극의 저탄수화물 다이어트입니다.

미국의 의학 잡지 〈영양과 대사〉Journal of Nutrition and Metabolism, 2010에 이탈리아 연구자의 놀라운 증례 보고가 실렸습니다. '교아종'glioblastoma이라는 암세포를 방사선 요법, 화학 요법 그리고 케톤 식이 요법을 병행 치료했다는 내용입니다. 교아종은 뇌종양 중에서도 가장 악성 종양입니다. 암 진단 이후, 6개월에서 1년 사이 죽음에 이르는 경우가 대부분입니다. 이 악성 종양은 방사선 요법과 화학 요법만으로는 치료될 확률이 거의 없습니다. 그런데 저탄수화물 식이 요법을 병행하자 암이 사라진 것입니다. 이 사례는 암 치료에 한 줄기 빛을 비추고 있습니다.

이 책은 지금까지 제가 연구를 거듭하며 수정하고 보완하고 집대성한 결과물입니다. 자신의 건강은 스스로 지켜야 하는 시대입니다. 항상 공부하고 실천하는 당신이 되기를 바랍니다. 건강한 삶을 두 손 모아 빕니다.

다카오 병원에서 에베 코지

우리는 너무 깊이 '세뇌' 당하고 있다.

사회에 처음 입문했을 때 한국 사회는 〈국제 통화 기금〉IMF 이라는 생소한 이름의 점령군이 지배하고 있었다. 파산한 기업들과 거리를 방황하는 실직자들의 우울한 풍경을 흔하게 마주할 수 있었다. 나는 운 좋게 다국적 제약 회사에 입사할 수 있었다. 신입 사원 교육은 군대 훈련소를 방불케 하는 강행군으로 진행되었다. 회사는 하루라도 빨리 하룻강아지들을 세일즈맨으로 개조하기 위해 정신없이 몰아쳤다. 교육을 수료할 즈음, 신병들의 눈빛은 약에 대해 새빨간 확신범이 되어 있었다. 지금도 담당 교육 과장이 외쳤던 문구가 잊히지 않는다.

"우리가 하는 업무는 약을 통해 환자를 돕는 위대한 일이다!"

얼마나 멋진 문구인가? 이 슬로건은 초급 신병의 뇌리에 깊이 각인되었다. 환자의 질병과 고통을 치유하는 '위대한 약'을 파는 행위. 나는 이 위대한 약을 팔기 위해 정신없이 영업 현장을 누볐다. 현대 의학과 제약 회사에 대해 무한한 신뢰를 갖게 되었다. 그때는 그렇게 생각했다.

그리고 20년이라는 시간이 흘렀다. 어느덧 중년의 나이가 되었고 몸에 이상 신호가 찾아왔다. 매일 만성 피로의 늪에서 허우적댔고 방전된 건전지처럼 에너지가 바닥을 쳤다. 목 주변에는 잡초처럼 쥐젖이 창궐했고 시력도 흐려졌다. 손과 발에는 미세한 통증이 찾아왔다. 의사는 당뇨병 진단을 했고 대수롭지 않은 듯 약물을 처방했다. 평생 먹어야 할 것이라고 했다. 나는 당뇨약을 먹기 시작했고 적어도 악화하지는 않을 것이라고 믿었다.

하지만 혈당 수치는 계속해서 상향 그래프를 그렸고 이상 징후들은 계속되었다. 약물의 용량은 높아졌고 약물의 이름은 달라졌다. 현대 의학은 내 고통을 제대로 설명하지도, 치료하지도 못했다. 결국 스스로 해법을 찾아 나서야만 했다. 도서관을 찾아 수백 권이 넘는 건강과 의학 관련 서적들을 읽어 나갔다. 그리고 알았다. 약물은 만성 질환을 치료하지도, 현상 유지도 못한다는 사실 말이다. 만성 질환의 해법은 오로지 잘못된 라이프 스타일의 변화뿐이라는 사실도 깨닫게 되었다.

이제 현대 의학은 황금알을 낳는 거위가 되었으며 건강 영역의 유일무이한 지배자가 되었다. 현대 의학은 '전문성'이라는 가면을 쓰고 일반인들은 범접할 수 없는 거대한 권위의 탑을 세웠다. 어려운 의학 용어들로 빼곡히 벽돌을 쌓아서 내부를 볼 수 없게 만들었다. 현대 의학은 진정 우리를 건강하게 만들고 있을까? 현대 의학은 아픈 환자를 위해 선한 영향력을 행사하고 있을까? 물론 현대 의학은 꺼져가는 수많은 생명을 구했다. 특히 감염병, 수술 그리고 긴급 치료에 괄목한 성과와 기여를 하였다. 누구도 부정할 수 없는 사실이다.

다만 내가 말하고 싶은 것은 그동안 당연하다고 여겼던 상식을 한 번쯤 의심해 보자는 것이다. 예를 들어 20세기 초에만 하더라도 '담배'는 건강식품이었다. 일부 용기 있는 과학자들에 의해 담배의 유해성이 밝혀지자, 담배 회사는 긴급 진화에 나섰다. 거대한 돈의 힘으로 화려한 용병을 영입했다. 특급 구원투수로 등장한 인물은 바로 '의사'였다. 담배를 피우는 하얀 가운의 의사들이 매스미디어를 도배했다. 이후 담배 회사가 담배의 유해성을 자백하는 데는 긴 시간이 필요했다. 무려 '30년'이다.

의료계가 가장 오랜 기간 사랑했던 치료법이 무엇인지 아는가? 바로 '방혈放血 요법'이다. 몸에서 피를 뽑아내는 치료법이다. 미국 초대 대통령 조지 워싱턴은 가벼운 감기였는데, 방혈 요법으로 인해 서둘러 저승 세계로 떠나고 말았다. 사람의 혈액은 5L 정도인데 담당 의사는 무려 2L의 피를 뽑았다. 불세출의 음악가 모짜르트도 방혈 요법의 희생자로 남았다.

의학의 흑역사 몇 가지 장면을 살펴보았다. 이 밖에도 헛웃음이 나오는 사례는 셀 수 없을 만큼 많다. 내가 말하고 싶은 것은 이러한 엉터리 의학의 역사가 당시에는 주류 의학이었다는 사실이다. 그렇다면 지금 우리가 믿고 있는 주류 의학은 어떠할까? 지금 우리는 엉터리 의학으로부터 자유로울까? 그러면 좋겠다.

안타깝지만 우리는 지금도 엉터리 의학의 손아귀에서 놀아나고 있다. 그 대표적인 것이 '콜레스테롤과 포화 지방에 대한 오해'이다. 아직도 주류 의학은 동물성 음식을 많이 먹으면 혈관이 막혀서 황천길로 갈 것이라고 암암리에 위협하고 있다. 이러한 공포는 양치기 소년 안셀 키스의 새빨간 거짓말이라는 사실이 뒤늦게 밝혀졌다. 그 소년은 자신의 입맛에 맞게 연구 결과를 완전히 조작했다. 의학이라는 미명 아래 현대 의학 최대의 사기극이 펼쳐진 것이다.

그렇다면 이제 현대 의학은 잘못을 뉘우치고 개과천선改過遷善을 했을까? 천만의 말씀이다. 지금도 현대 의학은 버젓이 콜레스테롤과 지방의 공포를 통해서 엄청난 돈을 벌어들이고 있다. 예를 들어 화이자는 고지혈증약 리피토을 통해 누적판매 1,720억 달러, 즉 한화 216조 원을 쓸어 담았다. 지금도 의사들은 콜레스테롤 수치가 높으면 고지혈증약을 관성적으로 처방하고 있다. 의사들에게 제약 회사의 약물은 종교적 믿음이 되었다. 브루스 웨스트Bruce West박사의 말처럼 '우리는 너무 많은 진단을 받고, 너무 많은 치료를 하고, 너무 많은 약물을 먹고, 너무 깊이 세뇌당하고 있다!'

하지만 아직 희망은 있다. 현대 의학의 문제점을 용기 있게 비판하는 소수의 의료인이 있기 때문이다. 이 책의 저자 에베 코지 박사도 그중에 한 명이다. 에베 코지 박사는 일본에서 최초로 저탄수화물 식단을 대중화시킨 인물이다. 그는 70세가 넘은 나이에도 불구하고 지금도 일반 대중과의 소통을 계속하고 있다.

그는 환자에게 약물을 처방하기 전에 라이프 스타일의 변화를 먼저 권유하고 있다. 환자 중심 치료의 철학을 고수하며 끊임없이 새로운 치료 방법에 관해서 공부하고 있다. 그에게는 진정한 의사의 향기가 느껴진다. 지식의 격차가 건강의 격차가 되고 있다. 부디 이 책을 통해 스스로 건강을 지키는 '당신'이 되기를 두 손 모아 빈다.

옮긴이 박중환

※ 추신

이 책의 제목은 영화 〈헤어질 결심〉에 전적으로 빚지고 있다. 이 영화는 무려 20번 넘게 본 내 최애最愛작품이다. 영화를 볼 때마다 박찬욱 감독과 정서경 작가라는 보물이 한국에 있다는 사실에 감사한다. 책을 팔아 보려는 영세 출판인의 몸부림이니 두 분의 너그러운 이해를 조심스럽게 구해 본다. 출판은 고생 꽤나 하지만 독자들이 찾지 않으면 공허하다. 두 분이 허락한다면 언제든 멋진 저탄수화물 음식을 대접하고 싶다. 진심이다.

부록

1. 저탄수화물 다카오 병원 레시피

2. 음식별 탄수화물 함량 일람표

탄·헤·결

저탄수화물 식단을 위한

다카오 병원 레시피

계절별 레시피 수록

1. 시간을 절약할 수 있는 방법

· 단백질과 지방이 풍부한 음식과 신선한 채소를
  냉장고에 충분히 보관하십시오.
· 매일 새로운 식단일 필요는 없습니다.
  요리에 대한 압박감을 버려야 합니다.
  전날 먹은 반찬에 다른 식재료를 추가하면
  다른 요리가 됩니다.
· 삶은 계란, 견과류는 훌륭한 간식입니다.
  특히 단백질은 포만감의 핵심임을 기억하십시오.
  배고플 때, 삶은 계란과 견과류를 편하게 드십시오.

2. 장보기 요령

· 고기, 생선, 계란과 같은 단백질과 지방이 풍부한
  식재료를 선택하십시오.
· 채소는 영양소가 풍부한 제철 식품이 가장 좋습니다.
· 버섯은 포만감이 있고 요리를 풍성하게 하여
  식재료로 안성맞춤입니다.
· 대두, 검은콩, 미역 등 건조식품을 활용하십시오.
  콩가루, 콩비지는 훌륭한 밀가루 대체 음식입니다.

향신료를 다양하게 활용하면 요리의 맛을 끌어올리는데
도움이 됩니다.

- 참치, 정어리, 고등어, 연어 등과 같은 생선을 활용하십시오.
- 마요네즈와 드레싱은 성분표를 확인해 탄수화물이
  낮은 제품을 선택하십시오.
- 치즈는 요리에서 디저트까지 활용이 다양한 식재료입니다.
- 무가당 토마토 주스, 무설탕 두유는 음료, 수프 그리고
  디저트에 이용할 수 있는 좋은 재료입니다.

3. 요리에 감칠맛을 내는 방법

- 미리 사골 국물을 만들어 보관하십시오.
  요리에서 다양하게 활용할 수 있습니다.
- 제철 음식을 이용하면 특별한 양념 없이도
  맛있게 먹을 수 있습니다.
- 탄수화물이 들어가지 않은 소스를 직접 만들어 보십시오.
  귤, 유자, 레몬 등의 과즙과 참깨 등을 첨가하면
  훌륭한 소스가 됩니다.
  또한 참기름을 활용해 맛을 내면 요리의 폭이 넓어집니다.
- 조미료를 살 때 탄수화물 함유량을 확인하시고,
  제철 향신료를 활용하십시오.

- 부득이하게 튀김을 한다면 전분을 최대한 얇게 입히십시오.

  빵가루도 고운 가루를 사용하십시오.

  밀가루 대신 콩가루나 비지 가루를 사용하면 더 좋습니다.
- 단맛이 꼭 필요한 요리에는 꿀, 매실액과 같은

  천연 감미료를 사용하십시오.
- 참깨, 들깨, 견과류를 적절히 활용하십시오.

  샐러드, 양념장 소스에 활용하기 좋습니다.

4. 디저트를 먹고 싶을 때

- 0kcal로 표시된 디저트라면 적당히 먹어도 좋습니다.
- 치즈 케이크는 밀가루 대신 콩가루를 활용해 보십시오.
- 요리할 시간이 없다면 저탄수화물 디저트를 구입하십시오.
- 탄산수에 직접 짠 레몬즙과 꿀을 넣고 레몬을 띄우면

  '오리지널 레몬주스'가 금방 완성됩니다.

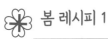

봄 레시피 1

식단	재료 및 분량(g)		열량(kcal)	탄수화물	단백질	지방
발아빵	발아빵	60				
버터	버터	7				
토마토 주스	토마토주스	160				
참치 양배추볶음	참치	20				
	양배추	50				
	오일	0.1				
	진간장	2				
스크램블 에그	달걀	60	382.3	12.6%	26.5%	61.0%
	진간장	2				
	오일	0.1				
카레 샐러드	콜리플라워	40				
	오이	20				
	베이컨	10				
	오일	4				
	식초	5				
	소금	0.5				
	카레가루	0.3				
매콤 고기볶음	돼지고기	40				
	양배추	60				
	당근	10				
	부추	30				
	묽은 간장	6				
	후추	0.1				
꼴뚜기 새싹무침	꼴뚜기	30	604.8	9.7%	35.0%	55.4%
	쪽파	50				
	된장	10				
	새싹	0.5				
	겨자	0.3				
	꿀	2				
	식초	2				
치킨 토마토 소테	닭가슴살	60				
	토마토	30				
	소금	0.5				
	후추	0.2				
	오일	1				
	마늘	1				
	콜리플라워	40				

아침 (rows 1-17), 점심 (rows 18-38)

	식단	재료 및 분량(g)		열량(kcal)	탄수화물	단백질	지방
점심	두부조림	두부	75				
		무	60				
		진간장	4				
	유기농 두유	두유	200				
	치즈	치즈	18				
저녁	된장국	된장	10				
		숙주	30				
	삼치 진간장구이	삼치	60				
		진간장	3				
		오일	0.2				
	유채꽃 겨자무침	유채꽃	60				
		겨자	0.3				
		진간장	3				
	두부 부침	두부	100				
		콩	8				
		오일	10				
		대파	3				
		마늘	3				
		진간장	4	518.9	10.8%	30.1%	59.1%
	돼지고기 허브구이	돼지고기	50				
		소금	0.5				
		화이트 와인	1				
		백리향	0.01				
		바질	0.03				
		마늘	0.3				
		오일	0.3				
		양배추	40				
		토마토	50				
	시금치 다마고도지*	시금치	30				
		양파	40				
		달걀	30				
		묽은 간장	4				
합계				1506.0	10.8%	31.1%	58.1%

* 다마고도지 : 채소와 고기 등을 자작하게 끓인 국물에 달걀을 풀어 넣어 만든 요리

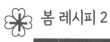 봄 레시피 2

식단		재료 및 분량(g)		열량(kcal)	탄수화물	단백질	지방
아침	발아빵	발아빵	60	368.0	11.6%	29.7%	58.7%
	버터	버터	7				
	브로콜리 겨자무침	브로콜리	50				
		겨자	0.3				
		진간장	2				
	달걀 볶음	달걀	60				
		새우살	20				
		버터	3				
		묽은 간장	2				
	그린 샐러드	양상추	20				
		아스파라거스	20				
		로스햄	20				
		올리브오일	5				
		소금	0.4				
		식초	5				
	토마토 주스	토마토 주스	160				
점심	은어 소금구이	은어	80	641.9	6.6%	28.5%	64.9%
		소금	0.5				
		오일	0.2				
		식초	0.2				
	된장소스 돈가스	돈가스 돼지고기	60				
		콩	6				
		달걀	3				
		오일	10				
		소금	0.2				
		된장	5				
		꿀	2				
		마늘	2				
	피망 마리네	붉은 피망	20				
		노랑 피망	20				
		소금	0.2				
		오일	2				
		식초	3				
	죽순 장국	익힌 죽순	20				
		버섯	0.1				
		미역	0.5				
		소금	0.2				
		묽은 간장	5				
	다마고도지	배추	60				
		당근	10				
		돼지고기	20				

식단		재료 및 분량(g)		열량(kcal)	탄수화물	단백질	지방
점심	다마고도지	파	3				
		달걀	50				
		묽은 간장	4				
	유기농 두유	유기농 두유	200				
	치즈	치즈	18				
저녁	된장국	된장	10	494.1	12.0%	33.9%	54.1%
		양배추	30				
	옥돔 소금구이	옥돔	80				
		소금	0.5				
		오일	0.2				
	시금치 깨무침	시금치	60				
		깨	1				
		진간장	2				
	가지 조림	가지	80				
		유부	30				
		진간장	4				
	두부 부침	두부	100				
		당근	10				
		파	3				
		유부	7				
		진간장	4				
		오일	0.3				
	닭고기 조림	닭다리살	50				
		우엉	40				
		당근	20				
		콩	20				
		곤약	50				
		진간장	6				
		산초열매	1				
합계				1504.0	9.6%	30.6%	59.8%

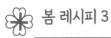

봄 레시피 3

식단		재료 및 분량(g)		열량(kcal)	탄수화물	단백질	지방
아침	발아빵	발아빵	60	255.7	18.9%	38.5%	42.6%
	버터	버터	7				
	토마토 주스	토마토 주스	160				
	달걀 볶음	달걀	60				
		오일	0.3				
		묽은 간장	2				
	땅두릅 대구알 무침	땅두릅	30				
		오이	30				
		대구알	10				
		마요네즈	10				
	양배추 마리네	양배추	50				
		새우살	20				
		샐러리	5				
		올리브오일	4				
		식초	5				
		소금	0.4				
점심	닭고기 허브구이	닭가슴살	80	689.3	7.3%	36.7%	56.0%
		마늘	0.3				
		화이트 인	1				
		타임	0.01				
		바질	0.03				
		소금	0.5				
		오일	0.3				
	데친 양배추	양배추	50				
		묽은 간장	2				
		파슬리	1				
	토마토	토마토	50				
	달걀 샐러드	달걀	50				
		오이	20				
		당근	10				
		로스햄	10				
		마요네즈	10				
		소금	0.3				
	가다랑어포 조림	반건조 가다랑어포	60				
		머위	70				
		미역	2				
		술	1				
		진간장	5				
	유기농 두유	유기농 두유	200				
	치즈	치즈	18				

식단		재료 및 분량(g)		열량(kcal)	탄수화물	단백질	지방
점심	봄채소 스프	양파	20				
		당근	10				
		베이컨	10				
		콩소메*	1				
		소금	0.2				
		묽은 간장	3				
저녁	된장국	된장	10	450.8	9.2%	41.3%	49.5%
		미역	1				
	가다랑어 타타키*	가다랑어	60				
		파슬리	3				
		마늘	3				
		오이	30				
		당근	5				
		식초	5				
		묽은 간장	4				
		무순	5				
	큰실말초 절임	큰실말*	50				
		마늘	3				
		묽은 간장	2				
		식초	5				
	돼지고기 두부조림	돼지고기	60				
		당근	20				
		팽이버섯	30				
		파드득나물	5				
		두부	100				
		진간장	7				
	잔새우 달걀구이	달걀	60				
		새우살	20				
		당근	5				
		피망	10				
		피자치즈	10				
		버터	2				
		소금	0.4				
		오일	0.5				
		토마토	20				
	시금치 소테	시금치	70				
		베이컨	5				
		소금	0.3				
		오일	0.1				
합계				1520.0	9.2%	35.3%	55.4%

* 콩소메 : 채소와 고기를 삶아 걸러낸 맑은 수프
* 타타키 : 겉만 살짝 익힌 것
* 큰실말 : 오키나와 특산 해초

☀ 여름 레시피 1

식단		재료 및 분량(g)		열량(kcal)	탄수화물	단백질	지방
아침	발아빵	발아빵	60	360.5	14.3%	27.5%	58.2%
	버터	버터	7				
	토마토 주스	토마토 주스	160				
	달걀 프라이	달걀	60				
		양상추	60				
		방울토마토	10				
		파슬리	1				
	양배추 햄볶음	양배추	60				
	카레 샐러드	로스햄	10				
		진간장	2				
		오일	0.1				
		양상추	40				
		오이	20				
		참치	20				
		올리브오일	4				
		식초	5				
		소금	0.3				
		카레가루	0.3				
점심	돼지고기 마파가지	돼지 넓적다리살	40	583.0	10.2%	32.7%	57.1%
		가지	120				
		피망	40				
		파	3				
		마늘	3				
		오일	2				
		진간장	6				
		두반장*	0.5				
	중화 수프	배추	20				
		연두부	30				
		파	3				
		달걀	20				
		중국식 맛국물	2				
		묽은 간장	4				
	오크라 낫토	낫토	40				
		오크라*	5				
		겨자	0.5				
		진간장	3				

	식단	재료 및 분량(g)		열량(kcal)	탄수화물	단백질	지방
점심	새우튀김	새우	50				
		소금	0.2				
		콩	5				
		달걀	5				
		오일	10				
	타르타르* 소스	달걀	5				
		양파	5				
		파슬리	1				
		마요네즈	5				
	적상추	적상추	20				
	방울토마토	방울토마토	10				
	유기농 두유	유기농 두유	200				
	치즈	치즈	18				
저녁	두부 된장국	된장	10				
		두부	30				
	장어 꼬치구이	초벌구이 장어	60				
		진간장	3				
		산초*	0.03				
	채소 절임	양배추	50				
		당근	10				
		이토가키*	0.1	564.6	8.9%	29.6%	61.5%
		진간장	2				
	닭고기 채소조림	닭 넓적다리살	50				
		무	40				
		언두부*	10				
		당근	20				
		표고버섯	2				
		진간장	6				
	두부 부침	두부	50				
		진간장	2.5				
합계				1508.1	10.7%	30.3%	59.0%

* 이토가키 : 가늘게 깎은 가쓰오 부시
* 두반장 : 누에콩으로 만든 중국 된장에 고추나 향신료를 넣은 장.
* 오크라 : 아욱과의 한해살이풀
* 타르타르 : 생선과 튀김 요리에 사용하는 소스
* 산초 : 중국 후추
* 언두부 : 두부를 잘게 썰어 얼려서 말린 것.

☀ 여름 레시피 2

식단		재료 및 분량(g)		열량 kcal	탄수화물	단백질	지방
아침	발아빵	발아빵	60	381.1	14.5%	23.4%	62.1%
	버터	버터	7				
	깨무침	브로콜리	50				
		깨	3				
		진간장	2				
		참기름	1				
	소시지 채소볶음	비엔나소시지	50				
		양배추	20				
		오일	0.1				
		소금	0.3				
	콩 샐러드	콩	10				
		오이	40				
		양파	5				
		마요네즈	10				
		소금	0.3				
	토마토 주스	토마토 주스	160				
점심	소고기 조림	소고기	40	630.8	11.0%	29.6%	59.4%
		무	80				
		당근	20				
		유부	10				
		마늘	3				
		진간장	6				
	새우 샐러드	새우살	20				
		오이	50				
		붉은 피망	10				
		양파	10				
		마요네즈	10				
		소금	0.2				
	냉두부	연두부	100				
		파	3				
		마늘	3				
		진간장	2.5				
	야나가와 닭고기 조림	닭 넓적다리살	40				
		우엉	50				
		파드득 나물	20				
		마늘	5				
		달걀	50				
		진간장	6				

	식단	재료 및 분량(g)		열량 kcal	탄수화물	단백질	지방
점심	유기농 두유	유기농 두유	200				
	치즈	치즈	18				
저녁	된장국	된장	10	489.1	10.5%	41.8%	47.7%
		팽이버섯	30				
	다마고도후*	달걀	30				
		묽은 간장	2				
		토마토	50				
		새우	25				
		문어	20				
		오이	30				
		소금	0.1				
		차조기*	0.5				
		미역	1				
	폰즈소스*	묽은 간장	4				
		식초	5				
		깨	3				
	소보로니*	두부	100				
		표고버섯	2				
		당근	20				
		마늘	3				
		닭고기	30				
		묽은 간장	5				
	고등어 참깨구이	고등어	60				
		깨	1				
		진간장	3				
		오일	0.2				
	시금치 참깨무침	시금치	60				
		참깨	3				
		진간장	2				
합계				1501.0	11.8%	32.0%	56.2%

* 다마고두후: 달걀을 풀어 끓인 국물을 붓고 찐 두부 요리
* 차조기: 소엽
* 폰즈소스: 멸치 국물에 식초, 진간장 등을 섞어 만든 소스
* 이타메니: 재료를 볶은 뒤 조린 요리
* 소보로니: 채소, 닭고기, 새우 등을 잘게 다져서 넣은 조림

☀ 여름 레시피 3

식단		재료 및 분량(g)		열량 kcal	탄수화물	단백질	지방
아침	발아빵	발아빵	60	396.9	11.4%	25.8%	62.8%
	버터	버터	7				
	소시지 콩소메 수프	양상추	60				
		비엔나소시지	15				
		콩소메	1				
		소금	0.2				
	삶은 달걀	달걀	60				
	브로콜리 샐러드	브로콜리	50				
		로스햄	15				
		마요네즈	10				
	토마토 주스	토마토 주스	160				
점심	전갱이 소금구이	전갱이	70	603.5	6.0%	35.1%	58.9%
		소금	0.5				
		오일	0.2				
	칠리소스 닭튀김	닭 넓적다리살	60				
		묽은 간장	1				
		달걀	5				
		콩	3				
		오일	10				
		파	8				
		마늘	3				
		생강	0.1				
		두반장	0.1				
		토마토퓌레	10				
		묽은 진간장	2				
		술	2				
	겉절이 채소	양상추	20				
		아스파라거스	50				
	니비타시*	소송채	80				
		모시 조갯살	20				
		묽은 간장	3				
	도사니*	연두부	100				
		이토가키	1				
		묽은 간장	3				
	치즈	치즈	18				
	유기농 두유	유기농 두유	200				

식단		재료 및 분량(g)		열량 kcal	탄수화물	단백질	지방
저녁	된장국	된장	10	504.3	11.5%	38.0%	50.5%
		유부	20				
		미역	1				
	갯장어 안주	갯장어	50				
		오이	40				
		토마토	50				
		차조기	0.5				
		고추냉이	0.5				
		술	1				
		진간장	5				
		소금	0.1				
	달걀찜	달걀	30				
		닭가슴살	20				
		새우	25				
		미역	1				
		묽은 간장	5				
		소금	0.1				
	소고기 피망볶음	소고기	40				
		피망	40				
		삶은 죽순	20				
		마늘	2				
		생강	0.3				
		진간장	3				
	두부와 가지 이타메니	가지	150				
		파	20				
		부친 두부	50				
		냉동 풋콩	10				
		묽은 간장	4				
		오일	0.5				
합계				1504.7	9.3%	33.6%	57.1%

* 니비타시: 채소류, 말린 식품, 구운 민물고기 등을 초진간장에 무르게 조린 요리
* 도사니: 재료를 졸인 뒤 가쓰오부시 가루에 버무린 것

🍁 가을 레시피 1

	식단	재료 및 분량(g)		열량(kcal)	탄수화물	단백질	지방
아침	발아빵	발아빵	60	353.1	9.3%	33.6%	57.1%
	버터	버터	7				
	청경채 햄볶음	청경채	60				
		로스햄	10				
		묽은 간장	3				
		오일	0.5				
	두부 부침	두부	50				
		진간장	2.5				
		오일	1				
	콩 샐러드	콩	10				
		오이	40				
		양파	10				
		올리브오일	5				
		소금	0.3				
		식초	5				
	토마토 주스	토마토 주스	160				
점심	시금치 다마고도지	시금치	50	685.7	5.3%	31.6%	63.1%
		유두	10				
		달걀	60				
		묽은 간장	4				
	아몬드 연어구이	연어	60				
		소금	0.3				
		화이트 와인	1				
		아몬드	4				
		레몬즙	3				
		버터	5				
		묽은 간장	4				
		적상추	10				
		양파	5				
	두부탕	연두부	100				
		진간장	4				
		파	4				
		마늘	3				
	돼지고기 허브구이	돼지고기	60				
		소금	0.5				
		화이트와인	1				
		타임	0.03				

	식단	재료 및 분량(g)		열량(kcal)	탄수화물	단백질	지방
점심	돼지고기 허브구이	바질	0.02				
		오일	0.6				
		양배추	30				
		마요네즈	5				
	유기농 두유	유기농 두유	200				
	치즈	치즈	18				
저녁	된장국	된장	10				
		양파	30				
	유부주머니와 곁들이	유부	30				
		양배추	30				
		닭고기	10				
		당근	5				
		표고버섯	0.5				
		박고지	2				
		배추	60				
		당근	30				
		진간장	6				
	파드득나물 참깨무침	파드득나물	5	475.5	13.9%	28.8%	57.4%
		당근	10				
		숙주	50				
		볶은 깨	2				
		진간장	2				
	붕장어 조림	붕장어	50				
		당근	20				
		무	50				
		진간장	4				
	찜닭	닭가슴살	60				
		진간장	3				
		술	1				
		참기름	1				
		토마토	50				
합계				1514.3	10.3%	29.6%	60.1%

🍁 가을 레시피 2

	식단	재료 및 분량(g)		열량 kcal	탄수화물	단백질	지방
아침	발아빵	발아빵	60	405.0	14.5%	28.7%	56.8%
	버터	버터	7				
	브로콜리 깨무침	브로콜리	60				
		볶은 깨	5				
		묽은 간장	2				
	냉두부	연두부	100				
		참기름	1				
		진간장	2.5				
		파	3				
	두유 버섯볶음	팽이버섯	20				
		버터	4				
		유기농 두유	100				
		베이컨	5				
		소금	0.7				
	토마토 주스	토마토 주스	160				
점심	고등어 진간장구이	고등어	60	668.1	9.4%	33.9%	56.7%
		진간장	3				
		오일	0.2				
	우엉무침	우엉	30				
		실곤약	20				
		완두	10				
		당근	10				
		유부	7				
		진간장	4				
		오일	0.3				
	팔보채	돼지고기	40				
		새우살	20				
		당근	20				
		표고버섯	1				
		오징어	20				
		배추	80				
		(익힌) 죽순	30				
		파	20				
		묽은 간장	6				
	숙주 오이냉채	숙주	20				
		오이	40				
		로스햄	10				
		달걀	20				
		오일	0.3				

	식단	재료 및 분량(g)		열량 kcal	탄수화물	단백질	지방
점심	숙주 오이냉채	참기름	1				
		식초	5				
		묽은 간장	2				
	베이컨 다마고도지	베이컨	70				
		배추	20				
		달걀	40				
		묽은 간장	3				
	유기농 두유	유기농 두유	200				
	치즈	치즈	18				
저녁	된장국	된장	10	475.8	9.8%	25.6%	64.7%
		가지	30				
	꽁치구이	꽁치	90				
		오일	0.2				
		무	40				
	포크 빈스	콩	10				
		돼지고기	20				
		당근	20				
		양파	30				
		버섯	10				
		진간장	3				
	나물 부침개	달걀	50				
		다진 고기	10				
		당근	10				
		표고버섯	1				
		파드득나물	3				
		묽은 간장	3				
		오일	0.1				
	데친 양배추	양배추	50				
		마요네즈	10				
합계				1513.2	10.8%	30.0%	59.2%

🍁 가을 레시피 3

식단		재료 및 분량(g)		열량 kcal	탄수화물	단백질	지방
아침	발아빵	발아빵	60	476.6	11.2%	21.1%	67.6%
	버터	버터	7				
	달걀 샐러드	양배추	50				
		달걀	60				
		마요네즈	15				
	시금치 소테	시금치	80				
		베이컨	15				
		소금	0.3				
		오일	0.2				
	카레 수프	유부	5				
		양파	20				
		당근	5				
		비엔나소시지	10				
		카레가루	0.03				
		묽은 간장	6				
	토마토 주스	토마토 주스	160				
점심	돼지고기 된장국	된장	10	577.4	10.0%	36.0%	53.9%
		우엉	20				
		당근	10				
		파	5				
		돼지고기	20				
	모듬 꼬치	무	60				
		당근	20				
		곤약	60				
		문어	50				
		달걀	30				
		부침 두부	50				
		진간장	6				
	유자 표고버섯	표고버섯	70				
		유자	20				

식단		재료 및 분량(g)		열량 kcal	탄수화물	단백질	지방
점심	유자 표고버섯	배추	10				
		묽은 간장	2				
	닭고기 진간장구이	닭고기 넓적다리살	60				
		진간장	3				
		술	1				
		오일	0.3				
		양배추	30				
	유기농 두유	유기농 두유	200				
	치즈	치즈	18				
저녁	된장국	된장	10	453.9	7.3%	39.7%	52.9%
		무	30				
	닭꼬치 소금구이	닭고기	70				
		소금	0.5				
		오일	0.2				
	소송채 겨자무침	소송채	80				
		겨자	0.3				
		깨	1				
		진간장	3				
	언두부 다모고도지	달걀	20				
		언두부	10				
		파드득나물	5				
		당근	10				
		묽은 간장	4				
	돼지고기 소테	돼지고기	60				
		적상추	20				
		진간장	4				
		오일	0.5				
	두부 치즈구이	두부	100				
		된장	8				
		꿀	2				
		슬라이스 치즈	15				
합계				1507.9	9.6%	32.4%	58.0%

❄️ 겨울 레시피 1

	식단	재료 및 분량(g)		열량 kcal	탄수화물	단백질	지방
아침	발아빵	발아빵	60	343.2	15.6%	29.8%	54.5%
	버터	버터	7				
	채소 소테	새우살	20				
		당근	5				
		양배추	50				
		오일	0.3				
		묽은 간장	2				
	온천달걀*	달걀	60				
		뜨거운 물	1.5				
	콩 샐러드	콩	10				
		오이	40				
		양파	10				
		올리브오일	5				
		소금	0.3				
		식초	5				
	토마토 주스	토마토 주스	160				
점심	시금치 소테	시금치	80	661.7	7.4%	25.0%	67.6%
		소금	0.3				
		오일	0.1				
	닭고기 와인찜	닭 넓적다리살	60				
		레드 와인	10				
		진간장	3				
		꿀	3				
	곁들이	엔다이브*	15				
		적상추	10				
		자색 양파	5				
		방울토마토	20				
	데친 연어와 타르타르소스	양상추	10				
		연어	30				
		달걀	10				
		양파	10				
		우유	5				
		파슬리	0.02				
		소금	0.2				
		마요네즈	10				
		레몬즙	2				
	양파 수프	양파	40				
		만가닥버섯	10				
		팽이버섯	10				
		표고버섯	10				
		베이컨	10				
		버터	1				

	식단	재료 및 분량(g)		열량 kcal	탄수화물	단백질	지방
점심	양파 수프	콩소메	2				
		소금	0.1				
		묽은 간장	0.5				
		파슬리	0.02				
	비지 쇼콜라케이크	비지(분말)	4.4				
		코코아(무설탕)	1				
		베이킹파우더	0.5				
		꿀	7.5				
		달걀	22.5				
		생크림	10.6				
		럼주	1.9				
		무염 버터	6.3				
	유기농 두유	유기농 두유	200				
	치즈	치즈	18				
저녁	된장국	된장	10	480.7	7.3%	39.7%	53.0%
		미역	2				
	게살 달걀말이	달걀	50				
		게살	20				
		표고버섯	15				
		파드득나물	5				
		마늘	3				
		묽은 간장	3				
	브로콜리 무침	브로콜리	50				
		진간장	2				
	닭간 조림	닭의 간	30				
		우엉	30				
		곤약	30				
		마늘	3				
		진간장	4				
		술	1				
	가자미 진간장구이	가자미	80				
		진간장	3				
		오일	0.5				
	시금치무침	시금치	80				
		진간장	2				
		볶은 깨	3				
	돼지고기 두부조림	부침 두부	50				
		돼지고기	30				
		파	20				
		진간장	4				
합계				1485.6	9.3%	30.9%	59.9%

* 엔 다이브 : 꽃상추과의 샐러드용 채소
* 온천달걀 : 달걀을 뜨거운 물에 담가 반숙으로 익힌 뒤 양념을 가미해 먹는 음식.

❄ 겨울 레시피 2

식단		재료 및 분량(g)		열량 kcal	탄수물	단백질	지방
아침	발아빵	발아빵	60	351.8	12.7%	26.4%	60.9%
	버터	버터	7				
	토마토 주스	토마토 주스	160				
	달걀 볶음	달걀	60				
		묽은 간장	2				
		오일	0.3				
	브로콜리 무침	브로콜리	40				
		진간장	3				
		이토가키	0.1				
	카레 샐러드	숙주	40				
		오이	20				
		당근	10				
		베이컨	15				
		올리브오일	4				
		식초	5				
		소금	0.5				
		카레가루	0.3				
점심	닭고기 토마토 소테	닭 넓적다리살	60	671.7	8.6%	33.3%	58.0%
		술	1				
		토마토	30				
		소금	0.5				
		올리브오일	1				
		마늘	1				
		브로콜리	40				
	채소 맑은국	연두부	30				
		우엉	20				
		유부	7				
		무	30				
		당근	10				
		파	3				
		소금	0.2				
		묽은 간장	6				
		들기름	0.1				
	도미 소금구이	도미	60				
		소금	0.5				
		오일	0.2				
		무	40				

식단		재료 및 분량(g)		열량 kcal	탄수화물	단백질	지방
점심	톳 조림	톳	7				
		유부	7				
		진간장	3				
	마파두부	두부	100				
		돼지고기	20				
		표고버섯	1				
		당근	20				
		파	3				
		마늘	5				
		진간장	5				
		두반장	0.1				
		오일	0.2				
	유기농 두유	유기농 두유	200				
	치즈	치즈	18				
저녁	된장국	된장	10				
		양배추	30				
	방어 스테이크	방어	70				
		진간장	4				
		오일	1				
	소송채 조림	소송채	80				
		유부	10				
		만가닥버섯	20				
		진간장	3				
	두부 볶음	연두부	150	473.0	10.5%	35.9%	53.7%
		당근	10				
		파	5				
		모시조갯살	30				
		진간장	4				
		오일	0.3				
	돼지고기 조림	무	50				
		당근	20				
		돼지고기	40				
		진간장	4				
	무즙	무	40				
합계				1496.5	10.2%	32.5%	57.3%

❄ 겨울 레시피 3

식단		재료 및 분량(g)		열량 kcal	탄수화물	단백질	지방
아침	발아빵	발아빵	60	376.0	12.6%	24.3%	63.2%
	버터	버터	7				
	토마토 주스	토마토 주스	160				
	아보카도 샐러드	아보카도	30				
		양배추	40				
		식초	1				
		마요네즈	8				
		묽은 간장	2				
		달걀	30				
	닭고기 스프	콜리플라워	40				
		강낭콩	10				
		닭 넓적다리살	30				
		콩소메	1				
점심	닭고기 달걀조림	닭 넓적다리살	40	642.6	11.5%	32.8%	55.7%
		달걀	50				
		양파	50				
		파드득나물	10				
		당근	10				
		만가닥버섯	20				
		술	1				
		묽은 간장	6				
	무 두부조림	무	60				
		당근	20				
		부침 두부	50				
		진간장	4				
	고등어 된장	고등어	60				
		무	70				
		파	30				
		된장	10				
	두부탕	연두부	100				
		진간장	4				
		파	3				
		마늘	3				
	유기농 두유	유기농 두유	200				
	치즈	치즈	18				

식단		재료 및 분량(g)		열량 kcal	탄수화물	단백질	지방
저녁	된장국	된장	10	482.3	10.0%	30.5 %	59.5%
		양파	30				
	새우 두부볼	새우	25				
		연두부	100				
		목이버섯	0.5				
		달걀	5				
		꽈리고추	12				
		소금	30				
		오일	0.3				
	무즙 튀김소스	무	30				
		묽은 간장	4				
	삼치 순무찜	삼치	40				
		목이버섯	0.3				
		순무	70				
		달걀흰자	5				
		유자	1				
		소금	0.3				
		술	1				
		묽은 간장	3				
	가자미 진간장구이	가자미	70				
		진간장	3				
		시금치	0.2				
		오일	70				
	유부 조림	유부	70				
		배추	7				
		묽은 간장	3				
합계				1572.7	10.8%	25.0%	64.3%

음식별 탄수화물 일람표

추천하는 음식, 피해야 할 음식

음식을 선택할 때 가장 피해야할 음식은 공장에서 제조된 가공식품입니다. 대부분의 가공식품은 정제 탄수화물과 산화된 씨앗 기름으로 만든 가짜 음식입니다. 몸에 좋다고 생각한 음식이 의외로 탄수화물 함량이 많을 수 있으니 관심을 갖고 선택하시기 바랍니다.

〈식품별 탄수화물 일람표〉에 대한 설명

· 추천하는 음식은 ○ : 100g 중 탄수화물 5g 이하(마음껏 즐길 수 있는 음식)

· 주의해야 할 음식은 △ : 100g 중 탄수화물 5g 이상(양에 주의가 필요한 음식)

· 피해야 할 음식은 X : 100g 중 탄수화물 5g 이상(탄수화물 함량이 높은 음식)

※ 탄수화물 일람표의 탄수화물은 섬유질을 제외한 순탄수화물당질 기준입니다.

※ 뿌리채소와 과일은 몸에 좋습니다. 단, 적당량 섭취하시길 바랍니다. 과일의 경우, 제철 과일은 몸에 좋기 때문에 많이 먹지 않는다면 탄수화물 함량에 크게 개의치 않아도 좋습니다. 그래서 △로 표시했습니다.

분류		식품명	추천	무게(g)	기준	열량(kcal)	100g당 순탄수화물
육류	소	우겹살	O	100		517	0.1
		혀	O	50		135	0.2
		목심	O	100		316	0.2
		어깨살	O	100		286	0.3
		등심	O	100		223	0.3
		안심	O	100		317	0.4
		우둔살	O	100		211	0.5
		다진 고기	O	100		224	0.5
		대접살	O	100		191	0.6
		로스트비프	O	50	2~3장	98	0.9
		간	O	50		66	3.7
	돼지	다진 고기	O	100		221	0.0
		위	O	50		61	0.0
		소창	O	50		86	0.0
		대창	O	50		90	0.0
		족발	O	50		115	0.0
		목심	O	100		157	0.1
		삼겹살	O	100		386	0.1
		혀	O	50		111	0.2
		심장	O	50		68	0.2
		어깨살	O	100		216	0.2
		허벅다리	O	100		128	0.2
		등심	O	100		115	0.2
		안심	O	100		150	0.3
		베이컨	O	20	1조각	81	0.3
		로스햄	O	20	1장	39	1.3
		살라미(건조)	O	10	1장	50	2.1
		간	O	50		64	2.5
		살라미(반건조)	O	10	1장	34	2.6
		비엔나소시지	O	20	1개	64	3.0
	닭	날개(껍질있음)	O	100		195	0.0
		가슴(껍질있음)	O	100		244	0.0
		다리(껍질있음)	O	100		121	0.0
		가슴안살	O	100		114	0.0
		다진 고기	O	100		166	0.0
		심장	O	50		104	0.0
		모래주머니	O	50	2개	47	0.0
		달걀	O	50	1ro	76	0.3
		간	O	50		56	0.6

분류		식품명	추천	무게(g)	기준	열량(kcal)	100g당 순탄수화물
어패류	생선	붕장어찜	O	60	2조각	116	0.0
		가자미	O	60	1장	70	0.0
		전갱이	O	70	1조각	85	0.1
		장어	O	60	2조각	199	0.1
		가다랑어	O	60	회 5점	68	0.1
		도다리	O	75	회 5점	71	0.1
		자반 연어	O	100	1조각	199	0.1
		훈제 연어	O	20	1장	32	0.1
		삼치	O	100	1조각	177	0.1
		꽁치	O	85	1마리	264	0.1
		도미	O	100	1조각	194	0.1
		참치	O	60	회 5점	211	0.1
		빙어	O	80	5마리	62	0.1
		잔멸치	O	50	1컵	57	0.2
		열빙어	O	50	2마리	83	0.2
		정어리	O	65	1마리	88	0.3
		고등어	O	100	1조각	202	0.3
		방어	O	100	1조각	257	0.3
	갑각류	참새우	O	30	1마리	29	0.0
		해파리	O	20	1인분	4	0.0
		문어	O	100	다리 1개	99	0.1
		오징어	O	80	1마리	198	0.2
		꼴뚜기	O	60	1인분	62	0.4
		오징어(말린)	O	30	1인분	100	0.4
		대구알	O	45	1인분	63	0.4
		성게	O	5	1인분	6	3.3
	조개류	피조개	O	20	1개	15	3.5
		모시조개	O	60	1컵	18	0.4
		전복	O	135	1개	99	4.0
		굴	O	15	1개	9	4.7
		관자	O	25	1개	24	4.9
곡류	쌀	현미	X	170	1컵	595	70.8
		백미	X	170	1컵	605	76.6
	밥	현미밥	X	150	1공기	248	34.2
		백미밥	X	150	1공기	252	36.8
	죽	미음(백미)	X	200	1공기	42	4.7
		원미죽(백미)	X	220	1공기	79	7.8
		현미죽	X	220	1공기	154	14.6
		옹근죽(정백미)	X	220	1공기	156	15.6
	떡	팥밥	X	120	1공기	227	40.7

분류		식품명	추천	무게(g)	기준	열량(kcal)	100g당 순탄수화물
곡류	떡	떡	X	50	1개	118	49.5
	빵	머핀	X	60	1개	137	39.6
		크루아상	X	30	1개	134	42.1
		식빵	X	60	1장	158	44.4
		난(인도빵)	X	80	1개	210	45.6
		롤빵	X	30	1개	95	46.6
		호밀빵	X	30	1장(1cm)	79	47.1
		건포도빵	X	60	1개	161	48.9
		바게트	X	30	1조각	84	54.8
	면	우동	X	250	1인분	263	20.8
		국수	X	170	1인분	224	24.0
		마카로니	X	10	1인분	38	69.5
		스파게티	X	80	1인분	302	69.5
		소면	X	50	1인분	178	70.2
		쌀국수	X	70	1인분	264	79.0
	곡물가루	만두피	X	6	1장	17	54.8
		딤섬피	X	3	1장	9	56.7
		빵가루	X	3	튀김옷	11	59.4
		메밀가루	X	50	1컵	181	65.3
		밀가루(박력분)	X	9	1큰술	33	73.4
		멥쌀가루	X	3	1작은술	11	77.9
		찹쌀가루	X	9	1큰술	33	79.5
		시리얼	X	25	1인분	95	81.2
감자류		곤약	O	50		3	0.1
		토란	X	50	1개(60g)	29	10.8
		참마	X	50	1/9개	33	12.9
		돼지감자	X	50		18	13.1
		감자	X	60	1/2개	46	16.3
		야생 참마	X	50		61	24.7
		고구마	X	60	1/3개	79	29.2
		감자전분	X	3	1작은술	10	81.6
		당면	X	10	무침1인분	34	83.1
		칡녹말	X	20		69	85.6
		옥수수분말	X	2	1작은술	7	86.3
		칡국수(건조)	X	15	1인분	53	86.8
콩류		부친 두부	O	135	1모	203	0.2
		구운 두부	O	50	1/3모	44	0.5
		두부	O	135	1/2모	97	1.2
		유부	O	30	1장	116	1.4

분류	식품명	추천	무게(g)	기준	열량(kcal)	100g당 순탄수화물
콩류	연두부	O	135	1/2모	76	1.7
	비지	O	40	1인분	44	2.3
	메주콩(삶은것)	O	50		90	2.7
	유기농 두유	O	210	1병	97	2.9
	생유바	O	30		69	3.3
	언두부	O	20	1개	106	3.9
	템페	O	20	1/5장	40	5.2
	낫토	O	50	1팩	100	5.4
	마린 유바	O	5	1인분	26	5.6
	메주콩(건조)	△	10	38개	42	11.1
	콩가루	△	5	1큰술	22	16.1
	완두(삶은것)	X	30		44	17.5
	강낭콩(건조)	X	10		33	38.5
	팥(건조)	X	10		34	40.9
	누에콩(건조)	X	20		70	46.6
견과류	잣(볶은)	O	40		276	1.2
	코코넛밀크	O	50	1/4컵	75	2.6
	호두(볶은)	O	6	1개	40	4.2
	호박씨(볶은)	O	50		287	4.7
	참깨(볶은)	△	3	1작은술	18	5.9
	마카다미아(볶은)	△	50		360	6.0
	헤이즐넛(볶은)	△	40		274	6.5
	참깨(건조)	△	3	1작은술	17	7.6
	아몬드(건조)	△	50	35알	299	9.3
	해바라기씨(볶은)	△	40		244	10.3
	아몬드(볶은)	△	50	35알	303	10.4
	피스타치오(볶은)	△	40	40알	246	11.7
	땅콩(볶은)	△	40	30알	234	12.4
	캐슈넛(볶은)	△	30	20알	173	20.0
	은행(삶은)	X	10	10알	17	32.3
	밤(생)	X	20	1개	33	32.7
채소류	순채	O	5	1인분	0	0.0
	콩나물	O	40	1인분	15	0.0
	두릅순	O	30	4개	8	0.1
	차조기	O	1	1장	0	0.2
	시금치	O	80	1인분	16	0.3
	몰로키아	O	60	1인분	23	0.4
	상추	O	10	1장	1	0.4
	고사리	O	50	1인분	11	0.4

분류	식품명	추천	무게(g)	기준	열량(kcal)	100g당 순탄수화물
채소류	소송채	O	80	1인분	11	0.5
	양하	O	10	1개	1	0.5
	고비	O	50	1인분	11	0.6
	쑥갓	O	15	1줄기	3	0.7
	미나리	O	15	1포기	3	0.8
	청경채	O	100	1포기	9	0.8
	브로콜리	O	50	1인분	17	0.8
	순무잎	O	80	3줄기	16	1.0
	갓	O	35	1줄기	9	1.0
	신선초	O	10	1줄기	3	1.1
	파드득나물	O	5	5줄기	1	1.2
	적상추	O	20	1장	3	1.2
	무잎	O	30		8	1.3
	여주	O	60	1/2개	10	1.3
	부추	O	100	1단	21	1.3
	숙주나물	O	40	1인분	6	1.3
	무순	O	5	1인분	1	1.4
	파슬리	O	3	1큰술	1	1.4
	애호박	O	100	1/2개	14	1.5
	오크라	O	20	2개	6	1.6
	유채	O	50	1인분	17	1.6
	셀러리	O	50	1/2줄기	8	1.7
	양상추	O	20	1인분	2	1.7
	오이	O	50	1/2개	7	1.9
	배추	O	100	잎 1장	14	1.9
	아스파라거스	O	30	1자루	7	2.1
	꽈리꼬추	O	4	1개	1	2.1
	죽순(데친)	O	50	1인분	15	2.2
	산파	O	5	1인분	2	2.3
	콜리플라워	O	80	1인분	22	2.3
	토란	O	80	1인분	13	2.5
	동아	O	100	1인분	16	2.5
	까치콩	O	50	1인분	12	2.7
	무	O	100	1인분	18	2.7
	피망	O	25	1개	6	2.8
	두릅나물	O	20	1인분	4	2.9
	가지	O	80	1인분	18	2.9
	순무뿌리	O	50	소 1개	10	3.1
	토마토 주스	O	180	1컵	31	3.3

분류	식품명	추천	무게(g)	기준	열량(kcal)	100g당 순탄수화물
채소류	양배추(중간)	O	50	1잎	12	3.4
	토마토(중간)	O	150	1개	29	3.7
	풋콩	O	50	1인분	68	3.8
	파	O	5	1인분	2	4.1
	생강	O	20	1조각	6	4.5
	쪽파	O	50	1인분	15	4.6
	대파	O	50	1인분	14	5.0
	방울토마토	△	10	1개	3	5.8
	당근	△	30	1인분	11	6.4
	마늘싹	△	50	1/2단	23	6.8
	양파	△	100	1인분	37	7.2
	완두콩	△	5	10알	5	7.6
	우엉	△	60	1/3개	39	9.7
	누에콩	X	20	1꼬투리	22	12.9
	연근	X	30	1인분	20	13.5
	옥수수	X	90	1/2ro	83	13.8
	서양호박	X	50	5cm토막	46	17.1
	마늘	△	7	1쪽	9	20.6
	백합뿌리	X	10	1조각	13	22.9
	쇠기나물	X	20	1개	25	24.2
	박고지(건조)	X	3	김초밥1줄	8	37.8
절임류	갓절임	O	20	1접시	7	1.8
	순무잎절임	O	20	1접시	5	2.3
	김치	O	20	1접시	9	4.9
	단무지	△	20	2쪽	13	11.7
	무장아찌	△	20	2쪽	11	12.2
	매실절임	△	10	1개	10	18.6
과일류	유자과즙	△	5	1작은술	1	6.6
	딸기	△	75	5알	26	7.1
	레몬	△	60	1/2개	32	7.6
	레몬즙	△	5	1작은술	1	8.6
	밀감(중간)	△	190	1개	76	8.8
	복숭아	△	170	1개	68	8.9
	그레이프프루트	△	160	1/2개	61	9.0
	비파열매	△	30	1개	12	9.0
	라임과즙	△	5	1작은술	1	9.1
	수박	△	180	1/16개	67	9.2
	멜론	△	100	1/4개	42	9.9
	배(중간)	△	120	1/2개	52	10.4

분류	식품명	추천	무게(g)	기준	열량(kcal)	100g당 순탄수화물
과일류	오렌지	△	65	30	7	10.8
	귤	△	70	1개	32	11.0
	키위	△	120	1개	64	11.0
	파인애플	△	180	1/6개	92	11.9
	파파야(중간)	△	180	1/6개	92	11.9
	무화과	△	50	1개	27	12.4
	금귤	△	10	1개	7	12.9
	사과	△	100	1/2개	54	13.1
	목이버섯	△	1	1개	2	13.7
	버찌	△	60	10알	36	14.0
	감	△	100	1/2개	60	14.3
	포도	△	45	1/2송이	27	15.2
	바나나	X	100	1개	86	21.4
버섯류	잎새버섯	O	20	1인분	3	0.0
	양송이	O	15	1개	2	0.0
	아보카도	O	80	1/2개	150	0.9
	만가닥버섯	O	20	1인분	3	1.1
	표고버섯	O	14	1개	3	1.4
	팽나무버섯	O	10	1인분	2	1.9
	새송이버섯	O	20	1개	5	3.1
	송이(중간)	O	30	1개	7	3.5
	느타리버섯	O	10	1장	2	3.6
	팽이버섯	O	20	1인분	4	3.7
해조류	미역귀	O	50	1인분	6	0.0
	실말	O	50	1인분	2	0.0
	우무	O	50	1인분	1	0.0
	한천	O	7	1개	11	0.0
	생미역	O	20	1인분	3	2.0
	대황	△	10	1인분	14	8.2
	구운 김	△	3	1장	6	8.3
	톳	△	10	1인분	14	12.9
	조미 김	△	3	1장	5	16.6
	다시마	△	2	1인분	2	22.0
유제품	카망베르 치즈	O	20	1조각	62	0.9
	커티지 치즈	O	15	1큰술	16	1.3
	크림 치즈	O	20	1조각	69	2.3
	생크림	O	100	1/2팩	433	3.1
	우유	O	210	1병	141	4.8
	요거트	O	100	1인분	62	4.9

분류	식품명	추천	무게(g)	기준	열량(kcal)	100g당 순탄수화물
조미료	포도 식초	O	5	1작은술	1	1.2
	사과 식초	O	5	1작은술	1	2.4
	두반장	O	10	1/2큰술	6	3.6
	마요네즈(계란)	O	12	1큰술	84	4.5
	묽은 간장	O	6	1작은술	3	7.8
	토마토퓌레	O	5	1작은술	2	8.1
	진간장	O	6	1작은술	4	10.1
	간장	O	6	1작은술	7	15.9
	된장	O	18	1큰술	35	17.0
	토마토 페이스트	X	5	1작은술	6	17.3
	굴 소스	X	6	1작은술	6	18.1
	케첩	X	5	1작은술	6	25.6
	돈가스 소스	X	6	1작은술	8	29.9
	미림	X	6	1작은술	14	43.2
	카레분말	X	25	1인분	128	45.0
	하이라이스 분말	X	25	1인분	128	45.0
주류	소주(증류주)	O	180	1홉	371	0.0
	위스키	O	30	1잔	71	0.0
	브랜디	O	30	1잔	71	0.0
	진	O	30	1잔	85	0.1
	럼	O	30	1잔	72	0.1
	레드 와인	O	100	1잔(와인잔)	73	1.5
	화이트 와인	O	100	1잔(와인잔)	73	2.0
	맥주	△	353	350ml	141	3.1
	로제 와인	△	100	1잔(와인잔)	77	4.0
	청주	X	180	1홉	193	4.5
	매실주	X	30	1잔	47	20.7

탄수화물과 헤어질 결심 나를 붕괴시키는 탄수화물 중독

초 판 3쇄 발행 2024년 7월 25일

지은이	에베 코지
옮긴이	박중환, 신유희
편집	박중환
디자인	서윤정
표지	박재강
교정	박중환
인쇄	더블비
유통	협진출판 물류
펴낸곳	세이버스 출판사
펴낸이	서윤정
출판등록	2021년 9월 16일 제2021-000124호
주소	경기도 용인시 기흥구 평촌1로 12-1 세이버스
전화	02-3453-5692
팩스	0504-222-9835
이메일	bigrockone@naver.com
등록번호	979-11-980962-1-0